KB274531

면류관으로의 초대

김 석 준 목사 저

생명의 샘

머리말

　이 설교들은 고(故) 김석준 목사님께서 1985년 8월 5일 저녁부터 9일 새벽까지 경기도 가평군 외서면 소재 상천리 기도원(대동교회 수양관)에서 강론한 것입니다. 이 설교들은 이미 그 몸에 병이 깊어진 줄 아시면서도 평소에 일로 매진하시던 그 걸음을 늦추시기는커녕 도리어 짧아진 생애인 줄 알아 더욱 일심으로 말씀을 연구하시던 가운데 깨달아 전해 주신 말씀입니다.

　원하든 원치 않든 맡겨진 일생의 사역을 마무리해야 할 시점을 예견하는 사역자로서 주께서 약속하신 면류관을 바라보면서, 이미 기울고 있는 육체를 추스려 마지막 순종의 걸음을 걸어보겠다고 다짐하는 마음을 우리는 이 설교에서 읽을 수 있습니다.

　또한 아직 좀더 시간적 여유를 가지고 있으리라고 여겨지는 뒤에 남을 성도들을 향해서도, 이제껏 걸어온 이 걸음에서 이탈하지 말고 그 어떤 시련과 유혹 속에서라도 주께서 약속하신 면류관을 바라보며 소망 가운데 전진할 것을 촉구하는 간절한 마음의 외침을 우리는 이 설교에서 들을 수 있습니다.

　그때 그 자리에서 그의 외침을 직접 들었던 많은 사역자들과 성도들은 이 설교들을 읽을 때에 그때의 외침을 다시 한번 상기하게 될 것입니다.

그리고 그때 그 자리에는 없었으나, 평소에 그를 잘 알고 그를 통하여 전해지는 말씀에 은혜를 받았던 많은 사역자들과 성도들은 이 설교들을 읽으면서 마치 그가 곁에서 우리를 격려하며 응원하는 듯한 느낌을 가지게 될 것입니다.

한번도 그를 본 적이 없고 그의 설교를 들어 본 적이 없는 성도라면 이 설교들을 읽을 때에 복잡한 현실 속에 살면서 자신도 모르게 흐트러졌던 신앙의 자세를 고쳐잡게 될 것입니다.

이 설교들은 그가 외친 말들이지만 그의 말이 아니요 그를 붙잡고 쓰신 우리 주님의 말씀이기 때문입니다.

이제 이 설교를 읽는 모든 성도들이 그가 그토록 소개하고 싶어했던 그 주님을 좀더 가까이 알게 되기를 진심으로 바라며, 그가 그토록 소망했던 주께서 약속하신 면류관을 우리 또한 소망하게 되기를 진심으로 바랍니다.

편저자 김 성 봉

차   례

1

썩을 면류관

"내가 복음을 위하여 모든 것을 행함은 복음에 참예하고자
함이라 운동장에서 달음질하는 자들이 다 달아날지라도 오직
상 얻는 자는 하나인 줄을 너희가 알지 못하느냐 너희도 얻
도록 이와 같이 달음질하라 이기기를 다투는 자마다 모든
일에 절제하나니 저희는 썩을 면류관을 얻고자 하되 우리는
썩지 아니할 것을 얻고자 하노라 그러므로 내가 달음질하기
를 향방 없는 것같이 아니하고 싸우기를 허공을 치는 것같이
아니하여 내가 내 몸을 쳐 복종하게 함은 내가 남에게 전파한
후에 자기가 도리어 버림이 될까 두려워함이로라."

고린도전서 9 : 23−27

성경에는 열 가지의 면류관이 나오는데 생명의 면류관만은 둘로 분리되고 있습니다. 그래서 성경은 우리에게 열한 가지의 면류관을 소개해 주고 있습니다. 이제부터 이 면류관에 대해서 배우도록 하겠습니다.

1. 면류관은 왜 쓰는가?

면류관은 나쁜 것이 아닙니다. 면류관은 왕이 쓰기도 하고, 어떤 공로자가 쓰기도 합니다. 이 면류관이라는 낱말을 원어상으로 보면 "화관", 즉 꽃으로 만들어 목에 걸기도 하고 머리에 쓰기도 하는 것을 표시하는 말입니다. 또 무엇을 성취했을 때 성취한 자에게, 승리했을 때 승리한 자에게, 공로를 세웠을 때 공로자에게, 또 왕에게 씌워주는 것이 면류관입니다.

특별히 성경에 보면 에스더가 수만대 일의 경쟁에서 다른 여자들을 물리치고 아하수에로 왕의 왕후가 되었을 때에 아하수에로 왕이 에스더에게 왕후의 면류관을 씌워 주었다고 했습니다. 아하수에로 왕이 에스더에게 씌워준 면류관은 고통스러우라고 씌워준 것일까요, 기쁘게 해주기 위해서 씌워준 것일까요? 기쁘게

썩을 면류관

해주기 위해서 씌워준 것입니다. 다시 말하면, 면류관을 쓰는 사람은 더할 수 없이 기쁘고 즐겁고 만족한 것입니다.

또 대외적으로는 아하수에로 왕이 왕후를 선택할 때 열 명 정도만 모집한 것이 아니었습니다. 그저 수십 명을 동원한 것도 아니었습니다. 수천대 일, 수만대 일 정도로 볼 수 있습니다. 그 수많은 사람들 중에서 가장 뛰어나고 가장 왕의 마음에 들었기 때문에 아하수에로 왕이 에스더를 왕후로 삼고, 왕후 삼는 것으로만 만족하지 않고 면류관을 씌워준 것이었습니다. 에스더 2장에 보면 말씀이 나와 있습니다.

대외적으로 보면 면류관은 영광스럽고 자랑스럽고 존귀합니다. 또 면류관을 쓴 자기 자신도 한없이 만족하고 기쁘고 즐겁습니다. 이 아하수에로 왕이 자기 왕후가 된 에스더를 대외적으로도 영광스럽게 해주고, 대내적으로도 기쁘고 즐겁고 만족하게 해주기 위해서 면류관을 씌운 것입니다.

그런데 본문에 보니까 "이기기를 다투는 자마다 모든 일에 절제하나니 저희는……"이라고 했는데, 여기서 "저희는"이란 말은 누구를 보고 하는 말일까요?

세상 사람들을 보고 하는 말입니다. 성경에 보면 "우리", "너희", "저희"라는 말들이 있는데, 본문에서 "저희"라고 한 것은 일반적으로 이방인들, 불신자들, 하나님의 백성이 아닌 사람들, 즉 일반 모든 세상 사람들을 총칭해서 하는 말입니다.

그런데 이것을 좀더 세밀하게 분류하면, 우리 하나님의 백성들 속에도 "저희"가 있음을 알아야 합니다. 이것이 중요한 것입니다.

내 속에는 "저희"가 없는 줄로 생각하지 마십시오! "나"라는

면류관으로의 초대

내 속에 "저희"도 있고, "우리"도 있고, "너희"도 있습니다.

본문의 "저희"라고 하는 저희는 일반적으로는 세상 사람들을 가리킵니다. 그러면, "세상 사람들"이라고 하면 될 것을 굳이 어렵게 "저희들"이라고 하느냐고 하겠지요. 아예 처음부터 "세상 사람들"이라고 말해 버리면 듣는 사람도 쉽고 말하는 사람도 쉬울텐데 말입니다.

그러나 이렇게만 말해 버리면, "저희"라고 불리우는 불신자들만이 썩을 면류관을 추구하고 원하고, 예수믿는 사람들은 이 썩을 면류관을 추구하지 않는 것으로 착각하게 됩니다. 그렇기 때문에 아무리 자기가 예수를 믿고 또 성직을 가졌다 할지라도 그 속에 "저희"라고 하는 "저희"가 있을 수 있습니다.

그러므로 우리는 저희와 우리를 구분할 줄 알아야 됩니다. 우리 속에는 "우리"가 있고, "저희"가 있고, "너희"도 있는 것입니다.

본문에서 저희는 무엇을 얻고자 한다고 했습니까?

썩을 면류관입니다. 만일 내 속에 썩을 면류관을 얻고자 하는 마음이 있으면 그것은 다 "저희"입니다. 부흥 강사든, 신학박사든, 목사든, 평신도든, 직분에 상관없이 어쨌든 이 썩을 면류관을 얻고 가지고자 하면 그것은 내 속에 있는 진정한 내가 아니고 "저희"라는 것으로 단정지어야 합니다.

바울은 로마서 7장 17절 이하에서 말하기를 "내가 원하는 선은 행하지 아니하고 내가 원치 아니하는 악을 행하는도다"라고 한 다음, "그러나 이것을 행한 자는 내가 아니요 내 속에 있는 죄니라"라고 말했습니다.

또 로마서 8장에도 보면 우리 인간 속에는 성령의 감화 감동

썩을 면류관

으로 받은 영의 생각과 또 육신의 생각이 있다고 말했습니다. 성령의 생각은 생명과 영생이요 육신의 생각은 사망이라고 했습니다. 육신의 생각은 하나님의 법을 순종할 수 없을 뿐만 아니라 하나님을 기쁘시게 할 수도 없다고 단정을 지었습니다.

바울이 성령의 감화를 받아서 한 말을 보면서, 우리 속에 이런 요소들이 있다는 것을 알아야 합니다.

우리 모든 인간들은 썩을 면류관이든 무슨 면류관이든 면류관을 얻고자 합니다.

그러면 면류관을 얻고자 하는 의도가 무엇입니까? 이 면류관은 영광을 말하는 것입니다. 그래서 공로자나 승리자나 성취자에게 면류관을 씌웁니다. 오늘날에는 감투라는 말도 씁니다.

일반적으로 예수 믿지 않는 사람들은 감투를 쓰기를 원합니다. 그러면 예수 믿는 사람들 중에도 감투 쓰기를 좋아하는 사람이 있습니까? 있습니다. 무슨 전도회 회장, 청년회 회장, 어떤 지방의 시찰장, 노회의 노회장, 교단의 총회장 등의 감투를 쓰려고 돈을 뿌리기도 합니다. 이 감투를 쓰고자 원하는 것은 세상 사람들만이 아니라 소위 예수를 믿는다고 하는 사람들에게도 해당됩니다.

왜 이런 면류관을 쓰고자 원한다고 했습니까? 대인 관계에 있어서, 대내적으로는 기쁘고 즐겁고 만족하기 위해서요, 대외적으로는 영광스럽고 자랑스럽고 모든 사람에게 존경받고 싶어서 면류관을 쓰고자 원합니다.

면류관으로의 초대

2. 썩을 면류관은 무엇입니까?

본문에 보니까 "저희는 썩을 면류관을 얻고자 하되"라고 했습니다. 여기서 썩을 면류관은 무슨 금이나 은이나 동이나 스텐으로 만든 면류관이면 썩지 않을 면류관이고 나무나 풀로 만든 면류관이면 썩을 면류관이라는 말이 아닙니다.

여기서 말하는 썩을 면류관이라는 것은 가견적인 것, 유한적인 것, 임시적인 것, 세상적인 것, 시대가 바뀌면 가치가 없어지는 것, 세대가 바뀌면 가치가 없어지는 것을 가리킵니다.

먼저 우리가 알아야 할 것은, 이 세상 사람들은 이런 썩을 면류관을 원하고 있다는 것입니다.

그러면 왜 모든 사람들이 이 면류관을 쓰고자 원합니까?

자기 스스로가 기쁘고 즐겁고 영광스럽고 존귀하기 위해서 쓰고자 원합니다. 하나님께서는 우리 인간을 일반적인 피조물로 짓지 아니하시고 특수한 피조물로 지으셨습니다.

1. 구성 요소가 특수합니다.

구성 요소가 특수하다는 말은 영육 결합체로 지은 것이 특수하다는 말입니다. 이것을 좀더 구체적으로 말한다면, 물체와 생명과 감각과 또 이성과 몸이 있는 영육 결합체로 지으셨기 때문에 특수합니다.

2. 영적으로 볼 때 특수합니다.

성경이 가르치는 것을 보면 우리 인간은 특수합니다. 그 특수성은 대내적으로는 기쁘고 즐겁고 만족스러운 것이요, 대외적으로는 타인으로부터 영광과 존경과 대우를 받고자 하는 것입니다.
그래서 명함에도 보면 간단하게 자기 이름과 직분과 직업을 적어
두면 좋은데 실제로는 명함이 묵직합니다. 그 이유는 면류관적인
성격이 우리 속에 들어 있기 때문입니다.

이것은 무슨 면류관입니까? 다 썩을 면류관을 원하는 "저희"
입니다.

그것이 자기인 줄 아는 이것이 곧 자기 착각에 빠져 사는 것
입니다. 그것이 자기인 줄 알고 사는 자는 자기가 자기에게 속고
사는 아주 어리석은 인생임을 우리는 알아야 합니다. 남이 나를
좀 알아 달라고 하는 별스러운 감투를 쓰려고 합니다. 이것이 다
썩을 면류관입니다.

3. 하나님께서 우리 인간에게 주신 특별한 선물

그런데 우리 속에 대내적으로 즐거워하려 하는 것, 기뻐하려고
하는 것, 만족하려고 하는 것, 또 대외적으로 영광과 존귀를 받
고자 하는 것들이 있는데, 이런 것들이 하나님께서 일반 피조물
보다 우리를 특수하게 지으신 결과인 줄 우리는 알아야 합니다.
우리 속에는 이런 것들이 다 들어 있습니다.

그래서 근심, 걱정, 슬픔, 고통, 불안, 공포 속에서 사는 것보다
기쁘고 즐겁고 만족하게 사는 것을 좋아합니다. 누구나 이 세상
에서 하루를 살더라도 불안, 공포, 근심, 걱정 속에서 사는 것을
원치 않습니다. 기쁘고 즐겁고 만족하게 살기를 원합니다. 이렇게
살고자 원하는 것은 우리 속에 면류관적인 요소가 들어있다는
말입니다.

면류관으로의 초대

이렇게 우리 인간 속에는 크게 나누면 세 가지로 기쁘고 만족하고 즐거워할 수 있는 것들이 있습니다. 이것은 하나님께서 우리 인간에게 주신 특별한 선물입니다.

첫째로는, 육적으로·이 자연계를 통해 우리의 육과 자연계가 잘 조화가 되어 즐거워하는 즐거움이 있고, 만족하는 만족함이 있고, 기뻐할 수 있는 기뻐함이 있습니다.

둘째로는, 무한한 신령 세계를 누림으로써 기쁘고 만족하고 즐거워할 수 있는 성분이 우리 속에 있습니다.

셋째로는, 신령 세계만이 아니라 하나님과 내가 인격적, 애정적 수수 관계로서 기뻐하고 만족하고 즐거워할 수 있는, 황홀한 지경에 이를 수 있는, 내가 몸 안에 있는지 몸 밖에 있는지 알지 못할 정도의 지경에 이를 수 있는 것이 있습니다.

시간적 공간적으로 말한다면, 첫째로는 현세에 살고 있는 내가 이 자연계에서 자연을 통하여 기뻐하고 즐거워하고 만족해 하는 그런 성분이 인간 속에 있습니다.

둘째로는, 신령계 천국, 천당에서 기뻐하고 즐거워하고 만족해 하는 것이 인간 속에 들어 있습니다.

신령계를 천국이라고 할 때에는 치리성과 통치성을 전제로 해서 하는 말이고, 천당이라고 할 때에는 하나님과 우리와의 관계성을 전제로 해서 하는 말입니다. 천당이라고 할 때에는 가족적인 분위기에서 하나님은 아버지요 우리는 자녀로서의 관계를 말합니다.

그리고 낙원이라고 할 때에는, 하나님과 우리 성도와의 전체적

썩을 면류관

관계에 있어서 만족스러운 관계를 말합니다. 낙원에서는 이 세상에서처럼 찌그덕 삐그덕하는 것이 없습니다.

세상에서는 한 교회 교인끼리도 기름 안 친 기계가 돌아가는 것처럼 찌그덕 삐그덕할 수 있습니다. 어떤 교회를 보면 집사와 집사끼리, 교인과 교인끼리 찌그덕 삐그덕하고 돌아가는 교회가 있습니다.

그러나 천국에는 그런 것이 없습니다. 이런 면의 천국을 가리켜 낙원이라고 합니다. 낙원에는 찌그덕 삐그덕하는 소리가 절대로 나지 않습니다. 그저 서로를 위해 주는 곳이 낙원입니다. 우리 예수 믿는 사람은 찌그덕 삐그덕하는 것이 없어야 합니다. 이것이 곧 낙원 생활입니다.

그런데 교회를 보면 실제로는 그렇지 못합니다. 김 집사가 삑하면 이 집사가 삑하고, 김 집사가 찌그덕하면 이 집사도 찌그덕합니다. 기계가 이렇게 된다면 결국에는 망가지고 맙니다. 못쓰게 되고 맙니다. 그러나 천국은 그렇지 않습니다. 천국의 이런 면을 두고 말할 때 낙원이라고 합니다.

우리 인간은 이 세상에서 자연과 접촉하면서만 만족할 수 있는 그런 존재가 아닙니다. 이 자연 세계, 시공 세상에서 자연이 주는 것에 만족하다가 그것으로 끝나는 것이 아니고, 죽음 이후의 무궁 세계에 들어가면 하나님의 치리를 받으면서 하나님 아버지를 모시고 하나님의 자녀인 모든 성도가 서로 형제 자매로서 기뻐하고 즐거워하고 만족하게 되는 그런 존재입니다.

우리 인인 관계뿐만 아니라 장차 우리가 갈 무궁 세계에는 무진장의 신령적인 요소가 얼마든지 들어 있습니다. 이것을 누리고 사용하고 이것을 보면서 기뻐할 수 있는 그런 성분, 그런 요소가 우리 속에 들어 있습니다.

그 다음 셋째로는, 우리가 이 세상에서도 인인 관계에 있어서 인격적, 애정적인 관계에서 서로 만족하고 기뻐하는 것을 경험하는 것처럼 신령 세계에서도 하나님과 내가 인격적, 애정적 수수 관계로서 만족하는 최고 극치의 만족을 느껴야 된다는 것을 우리가 알아야 합니다.

이것을 다시 말하면 우리가 이 세상에서 자연으로 더불어 자연과 자연을 접촉하면서 자연을 이용해서 만족하는 그 만족보다는 무궁 세계에서 누리며 신령 세계에서 기뻐하고 즐거워하는 그것이 더 감도가 높다는 말입니다. 그 세계의 맛을 본 사람은 세상 것이 제아무리 좋다고 해도 세상 것이 부럽지 않습니다.

거기서 한 단계 더 높은 것이 주님으로 더불어 인격적, 애정적 수수 관계를 갖는 것입니다.

우리가 인격적, 애정적 수수 관계를 갖게 되면 내가 주님의 수준에 도달해서 내 신앙이 고도로 성장하고, 내 이성과 몸에 성화를 진하게 입고, 예수 그리스도의 장성한 분량에 이를 만큼 성숙해져서, 예수 그리스도가 참 내 신랑임을 알고 하나님이 나의 참 아버지임을 아는 그 수준에 도달해서 하나님과 내가 인격적 애정적 수수 관계에까지 이르게 되는데, 이러한 경우 하나님 한 분만으로의 그 만족은 이루 말할 수 없는 만족입니다. 이것이 참 극치의 만족에 이르는 것입니다.

이렇게 하나님과 인격적, 애정적 수수 관계에 이르면 하나님이 가시는 곳, 주님 당신이 가시는 곳이라면 어떤 공간 세계도 가리지 않습니다.

썩을 면류관

이것을 극단적으로 말하면, 하나님과 내가 인격적 애정적 수수 관계를 가지는 상태에 이르게 되었을 때에는 지옥에 갖다 놓아도 지옥의 고통을 모르고 지옥이라고 하는 그 지옥이 내게 전혀 고통스럽지 않습니다.

지옥의 고통을 다 제거해 버릴 정도로 이를 초월하는 하나님과의 관계만으로 만족하여 지낼 수 있는 것, 이것이 곧 최대의 구원에 이르러서 하나님과 인격적, 애정적 수수 관계를 갖는 그 경지에 도달하는 것입니다.

그러므로 보통 사람들은 셋째 단계인 하나님과 인격적, 애정적 수수 관계에 도달하지 못할 뿐만 아니라 그런 단계가 있다는 사실조차 알지 못합니다.

여기에 도달하는 사람은 극히 드물 것입니다. 다니엘서에 나오는 사드락과 메삭과 아벳느고 같은 사람은 하나님과의 인격적, 애정적 수수 관계의 경험을 해보았다고 말할 수 있겠습니다. 이들은 풀무불에 들어갔어도 뜨거운 줄을 몰랐습니다.

이들이 들어간 풀무불은 어떤 곳입니까? 그것은 세상 지옥을 상징적으로 보여주는 것입니다. 그곳이 아마 지옥의 사촌쯤 될 것입니다. 지옥의 사촌 같은 풀무불에 들어가서도 뜨거운 줄을 몰랐는데, 그들이 미친 사람처럼 정신이 이상하게 돌아서 뜨거운 것을 몰랐던 것입니까? 정신이 깨끗하고 맑은 사람들인데도 그들은 풀무불 속에서 뜨거운 줄을 몰랐습니다.

우리가 이상하게 생각하지 못하도록 성경은 7배나 더 뜨겁게 한 풀무불이라고 했습니다. 보통 풀무불을 100도라고 한다면 7배나 더 뜨거운 불 속입니다. 웬만한 쇠붙이는 당장에 녹일 수 있는 뜨거운 불 속입니다. 사람이 들어가면 재가 되는 뜨거운 불 속입니다.

그런 속에서도 그들은 뜨거운 줄 몰랐습니다. 이 말씀은 우리에게 실질적으로 성경을 깨닫게 해주시기 위해서 기록한 말씀입니다.

이와 같이 하나님과 인격적, 애정적 수수 관계를 경험해 보지 못한 사람은 이 세계를 아무리 이야기해 주어도 이해를 못합니다. 그러니까 대개는 일반적인 현실을 초월할 수 있는 그런 세계의 신앙에서나 이해할 수 있는 말씀입니다.

그러므로 우리 믿는 성도들은 빨리 이것을 깨닫고 한 계단 올라설 줄 알아야 합니다.

하나님께서는 우리가 지금까지 배운 단계 중에서 최고의 단계인 셋째 단계에 기대를 걸고 계십니다. 하나님께서 우리에게 원하시는 것은 당신과의 인격적, 애정적 수수 관계를 가질 수 있는 그 단계에까지 이르기를 원하십니다. 하나님께서는 이것을 원하시는데 그런 사람은 극히 드뭅니다.

바울 같은 사람이나 다니엘 같은 사람이나 사드락, 메삭, 아벳느고 같은 이런 사람들은 거기에까지 이른 사람들입니다.

또 여기까지는 못 이르렀지만 신령 세계를 바라보고 느끼고 누릴 수 있는 그런 기쁨과 즐거움과 그런 만족의 사람도 있습니다. 그리고 자연으로 더불어 기뻐하고 즐거워하고 만족하는 사람들도 있습니다.

그런데 이 기쁨과 즐거움의 요소에는 두 가지가 있습니다. 자연으로 더불어 즐거워하는 것은 하나인데, 그 속의 성분은 둘이

썩을 면류관

라는 말입니다.

이 말이 무슨 말인가 하면, 여기의 "저희"라고 하는 이 사람들은 세상적, 육적, 순전히 외래적인 환경과 자연에 동화되어서 기뻐하고 즐거워하는 사람들이라는 것입니다. 그리고 이런 사람은 자연이라고 하는 자연보다 더 아랫단계에 있는 사람입니다.

하나님께서 원래 우리 인간을 지으실 때에는 만물의 영장으로 지으셨습니다. 하나님의 형상을 따라 하나님 다음가는 존재로 지으셨습니다. 모든 만물보다, 모든 천사보다 더 으뜸이 되는 존재로 지으셨습니다. 그렇게 지으신 다음 모든 만물을 지배하고 다스리고 지키는 이런 특권을 가지도록 했습니다.

그런데 그대로 살지 못했기 때문에 우리 인간은 하나님으로부터 받은 특권을 스스로 포기하고 말았습니다. 스스로 상실했습니다. 이렇게 되니 이제 서열이 천사보다 못해졌고, 그 다음 만물보다 못한 이런 인간이 되고 말았습니다. 만물을 지배하고 있던 인간이 만물의 지배를 받고 만물의 조롱거리가 된 이런 인간이 되고 말았습니다.

이것을 좀더 폭넓게 말하면, 만물이라고 하는 이 자연이 나를 즐겁게 해줄 때에는 내가 즐겁고, 나를 고통스럽게 할 때에는 고통을 당할 수밖에 없는 그런 인간이 되어버렸다는 말입니다.

무슨 말인지 이해가 되십니까, 내 몸 밖에 있는 자연이라고 하는 자연이?

여름이 되면 더위가 올라가니까 기분이 좋지 않고 짜증이 납니다. 또 겨울이 되어 눈보라가 치면 추워서 못살겠다고 합니다. 자연이 와서 울라고 하면 찔찔 울고 돈 보따리를 휙 던져주면서 웃으라고 하면 히히 웃습니다. 또 직장에서도 한 단계 올라가면 히히 웃고, 얼마 있다가 목이 잘리면 찔찔 웁니다. 하루에도 몇 번을 둔갑하는지 모릅니다.

이런 것이 무엇입니까?

"저희"가 하는 일입니다. 무슨 감투 하나 쓰면 웃고, 그것이 날아가면 울고 하는 이것은 일반 사람들이 하는 것입니다.

그러나 신앙이 조금이라도 있는 사람은 일반 불신자의 단계에서 조금 벗어나 자연을 지배하면서 기뻐하는 그런 기쁨의 사람이 될 수 있습니다. 자연의 지배를 받으면서 기뻐하는 기쁨은 "저희"가 하는 것입니다. 이 자연계에 살면서 자연을 지배하고 현실 세상을 지배하는 사람이 자연의 지배에서 한 단계 올라간 성도입니다.

가난이 오면 가난을 지배하고, 부요가 오면 부요를 지배하고, 건강이 오면 그 건강을 가지고 하나님을 섬기고, 질병이 오면 질병이 있는 그대로 하나님을 섬기고, 내게 불행이 오면 불행 속에서 하나님을 섬기고, 행복이 오면 행복 속에서 하나님을 섬기고 내게 원수든 친구든 이 모든 것이 내게 올 때에 그것을 지배하면서 기뻐할 수 있는 이것이 신자의 일단계입니다.

이것이 바로 신자입니다. 이 단계에 이르지 못했으면 아직은 신자가 되지 못한 것입니다. 이런 사람은 교인입니다. 그냥 아무 교회에 이름이나 얹어 놓고 다니는 교인입니다. 그저 자연의 지배를 받으면서 사는 사람입니다. 장로든 집사든 상관없이 일반 사람과 똑같은 사람입니다.

그것이나 이것이나 비슷한 것 같지만 그렇지 않습니다. 자연의 지배를 받으면서 자연이 와서 기뻐하라 하면 기뻐하고 자연이

썩을 면류관

와서 슬퍼하라 하면 슬퍼하고, 자연이 와서 짜증내라 하면 짜증
내고, 자연이 와서 신경질내라 하면 신경질내고 하는 이것은 “저
희”가 하는 것입니다.

　이것을 우리도 합니까? 우리도 이것을 한다면 신자가 아니고
교인입니다. 지금 이 자리에는 교인들이 왔습니까, 신자들이 왔습
니까? 지금까지 자연의 지배를 받아왔습니까? 더 이상 그 자
리에서 머물지 말고 자연을 지배하는 사람이 되십시오!

　사람들 중에는 이 세상에서 십자가만 지고 가야 된다고 하는
신앙을 가진 사람들이 있습니다. 그러나 십자가도 보는 사람에
따라 두 가지로 보입니다. 실질적으로 그 십자가를 지고 가는 자
와 십자가를 지고 가는 것을 보는 자와는 입장이 다릅니다.

　왜 다릅니까?

　예수님께서 십자가를 지시고 골고다로 가시는 것을 보고 있는
사람들은, 예수라는 분이 십자가를 지고 골고다 험한 언덕길로
가시는 것을 보니 힘들어 보이고 고통스러워 보입니다. 남이 볼
때에는 힘들어 보이고 고통스러워 보입니다. 그러나 실제로 십자
가를 지고 가시는 예수님 당신에게는 기쁨과 만족이 됩니다.

　이것을 다른 각도에서 보면, 바울이 빌립보에 가서 전도하다가
빌립보 감옥에 들어갔습니다. 매를 실컷 두들겨 맞고 유혈이 낭
자한 채 감옥에 들어갔는데, 감옥에 들어가 있는 바울의 모습을
남들이 볼 때에는 그 꼴이 심히 고통스러워 보입니다.

　남이 볼 때에는 고통스러워 보이는 그것을 바울은 주의 고난에
참여하는 것으로 기뻐하고 즐거워합니다.

　그러니까 십자가를 지고 가는 사람을 볼 때, 남이 볼 때에는

면류관으로의 초대

고통스러워 보이지만 십자가를 지고 가는 본인은 한없이 기쁘다
는 말입니다. 이것이 진짜 신자입니다.

이 세상에서 자연의 지배를 받으면서 기뻐하고 즐거워하는 이
런 사람은 "저희"입니다. "저희"라고 하는 이 저희들은 어떻게
해서라도 자연이 주는 고통은 피하고 면하고 막으려고 애를 쓰고,
자연이 주는 기쁨, 영광, 즐거움, 만족을 얻기 위해서 무수히 노
력합니다.

어떻게 하면 자연이 주는 기쁨으로 내가 기뻐할까?

자연아, 내게 기쁨을 다오!

돈아, 내게 기쁨을 다오!

명예야, 내게 기쁨을 다오!

부귀야, 공명아, 내게 만족과 영광과 존귀를 다오!

……

이것을 추구하고 지향하는 사람들은 다 "저희"입니다.

그러면 예수 믿는 사람들 중에도 그런 사람들이 있을까요?
있다면 얼마나 될까요? 성경을 가르치는 분들 중에도 감투를
쓰려고 하는 분들이 있을까요? 도대체 이것이 예수 믿는 것일
까요?

우리는 예수 믿는 것이 무엇인지를 똑똑히 알아야 합니다.

참 눈을 바로 뜨지 못하고 귀가 열리지 못한 사람은 자연의
지배를 받으면서 기뻐하는 기쁨으로 만족과 즐거움을 얻으려고
합니다. 이것을 가리켜 썩을 면류관이라고 했습니다.

사람이 바뀌지 않고 예수를 믿으면 자연이 주는 자연으로부터
기쁨을 얻고 자연으로부터 기쁨과 만족과 즐거움과 영광과 존귀
를 추구합니다.

●

썩을 면류관

이런 사람들은 어떻게 기도하겠습니까?

"하나님이여, 내게 빈곤이든 부요든 하나님 마음대로 주십시오" 하겠습니까, "내게 있는 빈곤은 물러가고 부요를 주십시오" 하고 기도할까요?

도대체 예수를 어떻게 믿느냐가 관건입니다. 목사님께서 교인들의 가정에 심방가서 "하나님이여, 이 가정에서 불행은 다 물러가게 하고 행복한 조건, 행복한 여건만 주시옵소서" 하고 기도해 주면 좋아합니다. "하나님, 당신이 알아서 주시옵소서" 하는 것보다 "이왕이면 이 가정에 빈곤은 다 물러가고 부요를 갖다 주시옵소서" 하면 좋아합니다.

'어떻게 하면 좀더 자연의 혜택을 입어서 자연으로 말미암아 내가 만족할까?' 하는 이 사람은 "저희"입니다. 월세방에서 살다가 전세방으로 들어가면 좋아하는 이런 사람은 썩을 면류관을 추구하는 사람입니다. 이런 성분은 곧 "저희"입니다. 우리 속에도 "저희"가 있습니다. 우리 속에서 "저희"를 완전히 뽑아 버리고 "우리"로 살아야 합니다. 이 시간에 "저희"를 발견해서 제거합시다!

하나님 앞에 감사 헌금 오백만원을 하면 천만원이 수입으로 들어오고, 십일조를 하면 물질의 복을 받는다고 하여 어떤 사람은 헌금을 월말에 십일조를 하지 않고 월초에 십일조를 하는 사람도 있다고 합니다.

이런 사람은 믿음의 세계를 모르는 사람입니다.

어떤 사람은 병 고치기 위해서 예수 믿고, 병을 고쳤다 하면 그것을 온 세계에 돌아다니며 선전하는 사람도 있습니다. 마태복음 24장 24절에 보면, 말세가 되면 이적과 기사를 가지고 믿는

•
면류관으로의 초대

사람을 미혹한다고 했습니다.

이적과 기사를 보고 따라가면 헛탕칠 줄 알아야 합니다. 말씀만 보고 따라가야지 죽은 자를 살리면 뭐합니까? 앉은뱅이가 열 사람이 일어나면 뭐합니까?

죄에서 구원받는 것이 중요한 것입니다. 그러므로 우리는 썩을 면류관과 썩지 아니할 면류관을 잘 구별할 줄 알아야 합니다.

우리 인간은 위에서 언급한 세 단계로 즐거워할 수 있는데 일반 사람은 한 단계뿐입니다. 한 단계뿐인 가장 낮은 단계에서 외래적인 자연이 주는 기쁨을 가지고 "자연아 내게 영광을 다오, 내게 기쁨을 다오, 만족을 다오, 자연아 네가 떠나가면 나는 슬퍼진다" 하는 사람은 참으로 어리석은 사람입니다.

이런 사람을 가리켜 성경은 말하기를 썩을 면류관을 원한다고 했습니다. 왜 그것을 가지고 살려고 붙잡고 합니까? 우리가 거기서 조금만 눈을 뜨면 "이것이 아니구나! 자연의 지배를 받고 살지 말고 자연을 지배하며 살아야지!" 할 것입니다.

다시 말하면, 조금 범위를 좁힌다면 "내가 환경의 지배를 받지 말고 환경을 지배하면서 즐거워하자!" 이것이 나와야 합니다. 지금까지 부요하게 살았는데 빈곤으로 교체될 때에는 '지금까지는 부요에서 이룰 구원을 이루었는데 빈곤을 주시니 빈곤에서 구원을 이루라고 빈곤을 주시나이까? 감사합니다. 빈곤을 주신 하나님 감사합니다.'

어제까지 부요했는데 하룻밤에 빈곤으로 교체될 때에 그 이튿날 아침에 이웃 사람들을 대할 때 기뻐하면 "여보시오, 당신 허파에 바람 들었오? 하룻밤에 쫄딱 망했는데 뭐가 좋다고 그렇게 기뻐합니까?" 할 것입니다.

"어제까지 하나님께서 내게 부요를 주셔서 부요를 가지고 구원을 이루다가, 이제 빈곤으로 교체시켜 주셔서 빈곤으로 구원 이루라고 하시니 감사해서 나는 기뻐합니다."

"아니, 당신은 도대체 쓸개가 빠진 사람입니까? 당신이 부요할 때에는 부요하니까 기뻐한 줄 알았는데, 부요가 빈곤으로 교체가 됐는데 기뻐하니 어찌된 셈이오?"

"예! 나는 빈곤이나 부요의 지배를 받으면서 사는 것이 아닙니다. 지금까지는 수십 년간 부요를 지배해 보았지만 빈곤은 내가 지배해 보지 못했습니다. 그래서 하나님께서 빈곤을 지배하고 살라고 이렇게 빈곤을 주셔서 이제는 빈곤도 지배하게 되었으니 얼마나 고맙고 감사한 일입니까?"

이 빈곤이 영원한 내 빈곤이 아니요 빈곤이 어떤 것인가를 알아보고, 빈곤도 지배해 보고 부요도 지배해 보고, 행복도 지배해 보고 불행도 지배해 보고, 건강도 지배해 보고 질병도 지배해 보고, 역경도 지배해 보고 순경도 지배해 보고, 이런 모든 것을 지배하면서 기뻐할 수 있는 이런 것이 우리 인간임을 알아야 합니다.

그러면 어떻게 해야 이렇게 될 수 있습니까? 쉽게 말해서, 믿음이 있으면 그렇게 될 수 있습니다.

그러나 믿음이 없으면 그 단계에 올라가지 못합니다. 그러면 그 단계에 올라가지 못하면 어떻게 됩니까? 자연의 지배를 받고 살 수밖에 없습니다. 자연의 지배를 받으면 어떻게 됩니까? 자연의 지배를 받고 살게 되면 자연이 와서 웃으라 하면 웃고, 자연이

면류관으로의 초대

와서 울라고 하면 울고, 근심하라고 하면 근심하고, 신경질을 내라고 하면 신경질을 내야 합니다. 그러니까 환경의 지배를 받고 사는 사람은 아무리 그 환경이 자기를 행복하게 한다 할지라도 기쁘게 지내는 시간보다는 근심과 걱정, 불안과 공포에서 지내는 시간이 훨씬 더 많습니다.

그러나 믿음이 있으면, 첫단계 믿음만 올라가면 아무리 자연이 교체되어도, 자기 환경과 자기 현실이 교체되어도 그에게는 계속 기쁨과 즐거움과 만족이 유지될 수 있는 것입니다. 이것이 성도입니다. 이것이 믿음입니다. 이것이 믿는 사람입니다. 믿으면 그렇게 되는 것입니다.

왜 그렇게 되지 못합니까? 우리가 예수를 믿는 사람이면 자연의 지배를 받고 살지 말고 최소한 자연을 지배하면서 기뻐하는 사람이 됩시다! 될 수 있습니다.

이것은 이론이 아닙니다. 환상이 아닙니다. 공연히 하는 말이 아닙니다. 믿어 보십시오!

지금까지 내가 예수를 믿기는 믿되 자연의 지배를 받고 살아 왔는가, 자연을 지배하고 살아 왔는가?

왜 이렇게 내가 못났는가?

하나님의 형상대로 지음받은 내가, 더 나아가서는 예수 그리스도의 구속을 입은 내가, 하나님의 새 생명으로 중생된 내가, 하나님을 아버지라고 부르는 내가 왜 아직도 자연의 지배를 받는 거기서 해방되지 못하고, 자연의 지배를 받고 있는 거기서 아직도 벗어나지 못하고 그 밑에서 노예 생활을 하고 종노릇을 하고 있는가?

썩을 면류관을 얻기 위해서 애쓰는가?

썩을 면류관

거기서 언제까지 머물러 있을 것인가?

이런 사람은 천국에 갖다 놓아 봐야 아무 쓸모 없습니다. 아마 천국을 누리지 못할 것입니다.

그러니까 우리는 최소한 이 세상에서 자연의 지배를 받으면서, 현실의 지배를 받으면서, 환경의 지배를 받으면서 살던 그 자리에서 벗어나서, 거기에서 해방되어 이제는 나도 자연을 지배하는 사람으로, 현실을 지배하는 사람으로 삽시다!

현실을 도피하려고 하지 마십시오!

빈곤을 도피하려고 하지 마십시오!

불행을 피하려고 하지 말고, 막으려고 하지 말고, 하나님께서 적절한 현실을 우리에게 골라 주시는 줄 알고, 내가 이 현실을 어떻게 지배하면서 내 기쁨을 유지하느냐에만 마음을 쓰십시다.

믿음이 있으면, 아무리 현실이 교체되어도 자연을 지배하면서 살면, 자연의 지배를 받으면서 기뻐하는 것보다는 월등하게 낫습니다. 시간적으로도 낫고, 길고, 영원하고, 양적으로도 감도가 높습니다.

바울이 로마 감옥을 지배하면서 살던 그 기쁨, 그 즐거움, 그 만족과 가이사 황제가 로마 왕궁에서 왕으로서 즐거워하는 그 즐거움 중 어느 즐거움의 수준이 더 높을까요? 감옥에서 기뻐하는 바울의 기쁨이 더 클까요, 왕궁에서 왕의 보좌에 앉아서 왕 노릇하면서 기뻐하는 가이사 황제의 기쁨이 더 클까요? 어느 기쁨이 더 감도가 높을까요?

바울의 기쁨입니다.

바울이 가이사 황제를 부러워했을까요, 가이사 황제가 바울을

면류관으로의 초대

부러워했을까요?

　바울은 어찌하여 저 감옥에서도 저렇게 기쁨이 있고 그렇게 즐거움이 있었을까?

　그러면 로마 왕궁에 있는 가이사 황제는 마음이 평안했을까요? 근심 걱정이 하나도 없었을까요? 불안 고통이 하나도 없었을까요?

　우리 한국에서 돈 제일 많은 사람이 밤이 되면 편안하게 잠을 잘까요, 무슨 이상한 소리만 나도 오싹해질까요? 썩을 면류관이 주는 어쩔 수 없는 제한성입니다.

　한번 받은 성도로서의 삶의 기회를 자연의 지배를 받고 사는 자로 살지 말고, 자연계를 발 아래 밟고 초월하는 자로 살 뿐 아니라 무한한 신령 세계를 바라며 소망하는 자로 살아야 하겠습니다. 더욱이 신령 세계뿐 아니라 하나님과 내가 인격적 애정적 수수 관계로서 기뻐하고 만족하고 즐거워하고…… 빛을 발하는 자로 살아야 하겠습니다.

썩을 면류관

2

썩지 아니할 면류관

"내가 복음을 위하여 모든 것을 행함은 복음에 참예하고자
함이라 운동장에서 달음질하는 자들이 다 달아날지라도 오직
상 얻는 자는 하나인 줄을 너희가 알지 못하느냐 너희도 얻
도록 이와 같이 달음질하라 이기기를 다투는 자마다 모든
일에 절제하나니 저희는 썩을 면류관을 얻고자 하되 우리는
썩지 아니할 것을 얻고자 하노라 그러므로 내가 달음질하기
를 향방 없는 것같이 아니하고 싸우기를 허공을 치는 것같이
아니하여 내가 내 몸을 쳐 복종하게 함은 내가 남에게 전파한
후에 자기가 도리어 버림이 될까 두려워함이로라."

고린도전서 9 : 23-25

이 시간에는 썩지 않을 면류관에 대하여 말씀드리고자 합니다. 물론 이 썩지 않을 면류관에 대해 조금은 알고 계실 줄 믿습니다.

그러나 우리가 사는 물질계에서 목적을 달성한 자에게나, 승리한 자에게나 왕에게 주고 받는 물질의 면류관만 자꾸 연상하게 되면 결국 참면류관은 잘 모르게 됩니다.

그러므로 우리는 여기서 면류관에 대한 개념과 면류관에 대한 성격을 바로 아는 것이 중요합니다. 무엇을 면류관이라고 표시했느냐 하는 것을 아는 것이 중요합니다.

다시 말하면, 동식물들에게는 면류관을 씌워 보아야 면류관에 대한 가치성이나 어떤 무엇을 느끼지를 못합니다. 가령 아무리 영리한 개라 할지라도 그 개의 머리에 금면류관을 씌워 준다고 해서 그 개가 기뻐할 리 만무합니다. 면류관을 써 보니 "참 좋다, 자랑스럽다, 만족하다, 기쁘다" 하는 그런 성분이 그 속에 없습니다.

그런데 우리 인간에게도 세상에서 각종의 물질적인 면류관이 많이 있는데, 그 면류관을 쓰면 그렇게도 좋아합니다. 미스코리아 선발 대회에서 미녀로 뽑히면 면류관을 씁니다. 세계에서 최고

미인을 뽑는 미스 유니버스 대회도 있습니다. 다 벌거벗고 몸 자랑을 해서 남에게 망신당하면서도 그 면류관 하나 쓰기 위해 경쟁을 합니다. 면류관을 얻으면 쓰고서 좋아합니다. 무슨 대회에 나가서 면류관을 받았거나 무슨 경쟁에서 면류관을 받으면 좋아합니다.

그저 어떤 종류의 면류관이든 면류관이라고 하는 것은, 그것을 쓴다고 해서 무슨 배가 불러지는 것도 아니고 몸이 따뜻해지는 것도 아니고 그것을 쓰면 훌훌 날아다니는 것도 아닌데, 면류관을 쓰게 되면 기쁘고 즐겁고 좋습니다. 다른 사람이 볼 때에도 영광스럽고 존귀하고 자랑스러워 보입니다.

1. 본문 해석

이 고린도전서는 바울 사도의 서신입니다. 그렇다고 해서 바울 사도 자신이 사적인 마음으로 쓴 것은 아닙니다. 성령의 감화 감동을 받아 쓴 것입니다.

바울 사도가 이 고린도전서를 쓸 때 성령님께서 바울의 성격이나 인격을 무시하고 강권적으로 역사해서 이렇게 이렇게 쓰라고 해서 쓴 것도 아닙니다. 바울의 사상이라든가, 바울의 성격이라든가, 바울의 성질이라든가, 바울의 소원이라든가 이것은 다 무시하고 오직 성령이 강압적으로 강제적으로 쓰라고 해서 쓴 것이 아니라는 말입니다.

우리는 양면성을 보아야 합니다. 성령님의 감화 감동과 바울의 개인적인 신앙에서 우러나온 이것이 복합이 되어서 고린도전서가 기록된 것입니다. 다시 말하면, 순전히 바울의 신앙 면에서만 본다고 하면 바울 자신의 신앙의 수준입니다.

바울 사도 자기 자체가 말씀화되지 못하고는 이 글을 절대로 쓰지 못합니다. 그 이유는 성령님께서 감화 감동을 주시지 않았기 때문입니다. 이 서신을 쓴 것을 보면 바울 사도의 신앙 인격을 알 수 있고, 또 성령님의 감화 감동이 있음을 알 수 있습니다.

이 말씀은 순전히 성령님의 감화 감동으로 된 것이기 때문에 바울 사도 개인의 신앙 인격이나 신앙 정도는 상관이 없다고 보면 안된다는 것입니다.

바울 사도가 붓을 들어 편지를 써서 고린도 교회에 보낼 때에 자기가 기도하는 가운데 '지금의 고린도 교회 형편이 이러이러하니 편지를 써서 보내야겠다' 하고는 편지를 썼는데, 후일에 생각해 보니 성령님께서 첫째는 '고린도 교회를 위해서요, 더 나아가서는 후대의 모든 교회를 위해서 이 글을 쓰게 하셨구나' 하는 것을 깨닫게 되는 것입니다.

또 우리가 조심할 것은, 바울의 신앙으로 쓴 것이라 하면서 성령의 감화 감동을 무시하는 오해입니다. 고린도전서를 쓸 때 바울이 성령님의 기계 노릇하는 것처럼 쓴 것이 아닙니다. 성령님의 감화 감동과 바울의 신앙 인격과 사상, 정신, 이성이 함께 결합하여 쓴 것입니다.

1. 내가 복음을 위하여 모든 것을 행함은 복음에 참예하고자 함이라(23절)

본문에서 바울 사도의 개인적 신앙을 볼 수 있습니다.

23절에 "내가 복음을 위하여 모든 것을 행함은"이라고 했습니다. 바울은 지금 복음을 위하여 모든 것을 행하고 있습니다.

자기가 먹고 살기 위해서 행하는 것도 아니고, 썩을 면류관을 얻기 위해서 행하는 것도 아니고, 자녀 교육을 염려해서 행하는 것도 아닙니다.

첫째로 "내가 복음을 위하여 모든 것을 행함은"이라고 했습니다. 바울은 복음을 전할 때 말로만 전하지 않았습니다. 자기의 행동을 의식하면서 전했습니다.

가령 아주 못사는, 즉 빈민 소굴에 가서, 하루 살기도 어려운 그런 곳에 가서 복음을 전할 때, 손가락에 금반지, 보석 반지를 끼고 최고급 옷을 입고 마치 자기 구경시켜 주고 돈받는 사람들처럼 복음을 전하게 되면 복음이 잘 전해집니까?

다시 말하면, 내가 복음을 전할 때 내 차림새나 행동이 잘못되면 복음을 받는 사람이 거부감을 일으킨다는 말입니다.

"뭐 저래, 저런 사람이 무슨 복음을 전한다고 그래?" 그렇게 합니다.

예수님께서 열두 제자들을 데리고 다니시면서 복음을 전하실 때 '저분이 예수구나' 하는 것을 단번에 보아서 알 수 있을 만큼 최고급 옷을 입고 무슨 고급 수레를 타고 다니면서 복음을 전했습니까? 제자들과 같은 차림으로 다녔습니다. 무엇을 보아서 그렇습니까?

대제사장들이 유대 병정들을 보내서 예수님을 체포하게 했을 때 차림새를 보아서는 알 수 없었습니다. 그때 가룟 유다가 "저들 중에서 옷을 제일 잘 입은 사람이 예수니 잡으라"고 했습니까? 그렇지 않으면 "겟세마네 동산에서 기도하고 내려올 때 그냥 내려오지 않고 가마를 타고 내려오는 사람이 예수니 그 사람을 잡으라"고 했습니까?

그렇지 않았습니다. "옷차림도 그저 제자들과 똑같고 누가 누

면류관으로의 초대

군지 모를 정도니 내가 가서 입 맞추는 사람이 예수니 잡으라"고
한 것입니다.

이것을 보면 예수님께서 이 세상에 계시면서 실제로 몸으로,
생활로 복음을 증거했다는 것을 알 수 있습니다.

본문에 "내가 복음을 위하여 모든 것을 행함은 복음에 참예하
고자 함이라"라고 했습니다. 복음에 참예한다는 말이 무슨 말입
니까? 복음 속에 들어간다는 말입니다. "복음 속에 들어간다"는
이 말은 다시 말해서 자기 자신이 복음화되고 싶다는 말입니다.
복음과 같은 성질의 사람, 복음과 같은 성격의 사람, 복음과 같은
인물이 되고 싶다는 말입니다.

그러므로 바울 사도의 이 세상에서의 삶은 우리와는 전혀 다
릅니다. 방편이 다르고 뜻이 다릅니다. 우리의 모든 생활은 교회
부흥을 위해서, 노후 대책을 위해서, 자기 자녀 교육을 위해서
등등 이런 염려 저런 염려로 인해 이런 것을 행하고 저런 것을
행하고 모든 것을 행하는데, 바울도 이 모든 것을 행하기는 했습
니다. 그러나 바울 사도는 그런 것을 다 초월하고 자기 자신이
복음에 참여해서 복음화되기를 원해서 복음을 전했습니다.

2. "운동장에서 달음질하는 자들이 다 달아날지라도 오직 상 얻는 자는
하나인 줄을 너희가 알지 못하느냐 너희도 얻도록 이와 같이 달음질하라."
(24절)

이 말씀은 신령 세계에 격차가 있다는 것을 말하는 것입니다.
"운동장에서 달음질하는 사람들을 너희들이 보지 못하느냐? 이
것을 보고도 너희들이 깨닫지 못하느냐?" 하는 말입니다.

썩지 아니할 면류관

첫번째로 그때 당시 고린도교회에 강력히 가르쳐 주는 것은, "너희들이 구원얻는 것이 너희들의 노력이나 수고나 혹은 무슨 종교 의식이나 제도나 종교 수양이나 철학적 사색이나 무슨 선행이나 이런 것을 가지고 구원을 얻는 것이 아니고 예수를 믿기만 하면 구원을 얻는다"는 것입니다.

예수님의 피 공로로 대형을 입어 죄사함을 받고, 대행을 입어 의롭다 칭함을 얻고, 중보로서 하나님과 단절되었던 너희가 하나님과 생명적 연결이 되고 결합이 되어 하나님의 새 생명으로 중생을 얻어 하나님의 자녀가 되고, 하나님의 자녀가 되었으면 천국에 가는데 천국을 획득한 구원을 이미 얻은 자는 절대로 구원이 취소되는 법이 없다고 가르쳤습니다. 말썽 많은 교회, 파당 많은 교회, 오만 잡탕이 다 있는 고린도 교회였습니다. 고린도 교회에는 파당이 있고, 여러 가지 죄악상이 있습니다.

그리고 매주일마다 성찬식을 하는데, 전체적으로 하지 않고 자기들 스스로 만들어 와서 먹으라 하니까, 돈푼이나 있는 사람들은 아주 고급스런 빵과 알콜 도수 높은 포도주를 가지고 와서 먹고 실컷 마시고 취해서 나가 자빠져 있는 사람들도 있었습니다. 신성한 주의 만찬에 참예하니 정말 기도하고 눈물을 흘리면서 빵 한 조각을 먹을 때에 '주님이 나 위하여 살을 찢어주신 이 살을 내가 먹는구나' 하는 그런 마음의 감화 감동과 은혜를 받으면서 먹어야 되는데, 신령한 영의 양식으로 먹으려고 하지 않고 영양소 높은 것으로 배부르게 먹으니 은혜받는 방편이 아니고 점점 육신으로 기울어지게 되었습니다.

그 다음에, 포도주를 한 잔 마실 때에도 잔이 커야 합니까?

면류관으로의 초대

'이것은 나를 위해 흘려주신 주님의 피 한방울이다. 내 죄를 사해 주신, 내 죄값을 지불해 주신 주의 피다'라고 생각하고 마셔야 되는데, 주의 피를 기념하는 것은 온 데 간 데 없습니다. 이왕이면 포도주를 좀 독한 것으로 마시고 얼큰하게 취하고, 한 잔 마시는 것보다 두 잔 마시고, 조그마한 컵에다 마시는 것보다 왕대포 잔에 한 사발씩 들이마시고 했습니다.

그래서 고린도교회에 있어, 이제 우리는 구원을 얻어 놓았으니 어떤 짓을 해도 지옥은 가지 않는다는 것이 폐단이었고, 둘째는 이제 지옥은 면제되었으니 천국에 턱걸이로 들어가든지 뒷문으로 들어가든지 어쨌든지 들어가면 되는 것이지, 그저 잘 믿는 너나 못 믿는 나나 같다는 식의 풍조와 사상이 횡행했습니다. 이것이 곧 교회를 속화시키는 것입니다.

여러분! 천국이라는 천국에 들어가면 정말 일생 동안 주님만 위해서 산 사람과 주일 빼먹기를 어린아이 곶감 빼먹듯이 쏙쏙 빼먹는 사람과 똑같을까요, 다를까요?

같을 수는 없습니다. 자기 볼 일 다 봐가면서 적당히 예수 믿는 사람과 정말 예수밖에 모르고 산 사람과는 엄청나게 다릅니다.

그런데 이 고린도 교회에는 그런 폐단이 있었습니다. 어쨌든 천국만 들어가면 잘믿는 사람이나 못믿는 사람이나 똑같다는 식으로, 굳이 부지런히 잘 믿으려고 할 필요가 없다는 식입니다. 부지런히 전도하려고 할 필요도 없고, 새벽기도 나갈 필요도 없고, 그저 세상에 있을 동안 세상 재미보고, 천국가면 또 거기서 재미 본다는 식이니 바울이 답답해서 하는 말입니다.

운동장에서 달음질하는 자들이 다 달음질하기는 합니다. 그런데

썩지 아니할 면류관

상 얻는 사람은 한 사람뿐이라고 했습니다. 그러면 상은 제일 꼴
등으로 오는 사람이 받습니까? 인물 잘난 사람이 받습니까?
덩치 좋은 사람이 받습니까? 돈 많은 사람이 받습니까? 어떤
사람이 상을 받습니까?

운동장에서 상 받는 사람은 제일 앞장서서 달린 사람입니다.
제일 앞장선 사람이 상을 받는다고 했는데, 26절에 보면 달음질할
때 "향방 없는 것같이 아니하고"라고 했습니다. 마라톤 선수가
정해진 코스를 돌아와야 되는데 그 코스를 무시하고 자기 마음
대로 달려서 일등으로 들어오면 상을 줍니까? 그것은 반칙으로
들어왔기 때문에 상을 줄 수 없습니다.

그러면 여기에서 말하는 향방은 무엇입니까?

향방은 예수님입니다. 예수님이 우리의 향방입니다. 예수님이
우리의 향방인데 제일 앞장서서 달리는 사람이 예수님과 거리가
제일 멀까요, 제일 가까울까요? 예수님과 가장 가까이서 달음질
을 해야 합니다.

우리가 외형적인 교회를 볼 때 교회 활동을 열심히 하라! 교
회 봉사를 열심히 하라고 합니다. 그런데 잘못 배우면 그 열심,
그 봉사가 향방 없는 사람이 달음질하는 것과 같이 됩니다. 이것
을 우리가 알아야 합니다.

많지는 않지만, 어떤 사람을 보면 예수는 자기 혼자 다 믿는 것
같은데 동네에서 싸움하는 것도 보면 제일 잘합니다. 그 사람이
향방 있게 달리는 사람입니까? 어떤 사람은 새벽기도는 잘 나
오는데 말 버릇은 못 고치는 사람이 있습니다. 그런 것을 고치기
위해 새벽기도를 나와야 하는 것입니다.

이것은 무엇을 말하는고 하니, 향방을 바로 정해 가지고 가라는

면류관으로의 초대

것입니다. 정확하게 말한다면 예수님에게 가장 친근한 모든 것이 되라는 말입니다. 내가 새벽기도를 하든지, 교회 봉사를 하든지, 열심히 배우든지, 만들어지든지 자기를 제재하고 또 자기를 성화시키라는 말입니다.

운동장에서 경기하는 사람은 기량도 뛰어나야 되지만 순발력도 있어야 되고 끈기도 있어야 되고 투지도 있어야 됩니다. 모든 것이 구비되어 갖추어져야 합니다.

그래서 정확하게 말하면, 향방은 예수님인데 그 예수님에게 누가 제일 가까운가 하는 것입니다. 교회에서 봉사하고 충성하고 열심을 내고 헌금을 잘 한다고 주님과 가까운 사람입니까? 그런 것은 잘해도 주님과 멀어진다면 이는 향방 없는 달음질입니다.

그런데 왜 그렇게도 성도들은 어떻게 해서든지 주님과 거리를 가깝게 하고 자꾸 단축시키려고 하지 않고 자꾸 거리를 떼어놓으려고 하는지!

주님과 나는 멀어지든 말든 물질만 부요해지면 된다는 이런 사상의 풍조가 횡행하기 때문에 오늘의 교회에 팽배주의 풍조가 많습니다. 큰 교회일수록 마귀가 더 우글거립니다. 주일날 예배드린 숫자가 삼사백 명 정도였는데 통계가 나온 것을 보면 등록 교인은 이천 명입니다. 예수님을 닮아서 그렇습니까? 정말 예수님을 닮았다면 진리에는 아주 밝지만 숫자 감각에는 아주 무딥니다. 예수님은 숫자에 대해서 신경을 쓰지 않아서 그런지 모르지만 숫자 감각에는 아주 무딘 분이십니다.

예수님이 연보궤 곁에 계시는데 부자가 주머니를 흔들어 가며 돈을 한줌 꺼내서 연보를 하는 것을 보셨습니다. 또 한 과부가 엽전 두 푼을 넣는 것을 보셨습니다. 그것을 보고 과부가 더 많이

썩지 아니할 면류관

넣었다고 말씀하신 것을 보면 숫자 감각이 없는 분처럼 보입니다. 예수님의 산수 점수는 완전 제로입니다. 꼭 그렇게 보입니다. 그런데 그것은 비율로 따져서 그렇게 말씀하신 것입니다.

우리는 향방 없는 자와 같이 달음질하지 말고 예수님과 가까이서 달음질해야 합니다. 목회자들은 성도들을 예수님과 가깝게 만들어 주어야 합니다.

'어떻게 하면 이 성도가 예수님과 가까워지겠는가? 나와는 멀어져도 좋다. 어떻게 해서든 예수님과만 가까워지면 나는 만족하다' 하는 자세로 임해야겠습니다.

예수님과 가깝게 하는 것, 이것이 진리입니다. 첫째는 내가 예수님과 가까워지고, 그 다음에 형제를 예수님과 가깝게 해주면 예수님과 가까운 사람끼리는 멀어질래야 멀어질 수가 없습니다. 이것은 만고 불변의 진리입니다.

예수님과 멀어지면 예수님과 멀어진 그 사람은 나와 가까운 것 같지만 언젠가는 나와 멀어집니다. 나와 멀어진다는 말은, 나는 예수님과 가깝고 그가 예수님과 멀어질 때에만 멀어지는 것이 아니고, 내가 예수님과 멀어질 때에도 마찬가지로 멀어집니다.

가령 내가 어떤 사람을 예수님과 가깝게 만들었습니다. 예수님과 나와의 거리를 처음에는 1km를 가지고 있다가 부지런히 달음박질해서 예수님과 나와의 거리를 1m를 두고 있습니다. 그러면서 그 사람에 대해서도 또 부지런히 노력해서 1m 거리로 만들었습니다. 이렇게 되면 예수님과 나와의 거리도 1m요, 그 사람과 나와의 거리도 1m가 되는 것입니다.

그러나 이제 그 사람을 예수님과 가깝게 만들어 주지 않으면 내가 예수님과 1m 거리를 가지고 있을 때 그 사람은 예수님과

면류관으로의 초대

1km 유지하고 있습니다. 그러면 나는 그 사람과 그만큼 멀어진 것입니다. 또 내가 예수님과 멀어질 때에도 또 그만큼 멀어집니다.

내가 예수님과 그 사람과의 거리를 가깝게 만들어 놓았다면 그 사람이 예수님과 1m 거리를 두고 있을 때에 내가 그 동안에 신앙의 잠이 들어서 나와 예수님과의 거리가 1km쯤 떨어져 있으면 그 사람이 나를 그냥 두지 않습니다. 그 사람이 나에게 와서 다시 가까워지도록 도와주어 결국에는 예수님과 나와의 거리가 다시 가까워지는 것입니다.

오늘 목회하시는 분들이 성도들을 예수님과 가깝도록 만들어 주었는데 어느 날 나와 거리를 둡니다. 그럴 때 인간적으로 생각을 하면 섭섭하지만 그것을 참고 '그래 예수님과만 거리를 유지하면 언젠가는 나와도 가까워질 날이 있겠지' 하고, 나만 예수님과 멀어지지 않고 그를 가깝게만 해주면 그는 예수님과 가까워질 수 밖에 없고, 나와도 자연스레 가까워질 수밖에 없는 것입니다.

이것은 만고 불변의 진리입니다. 천국에 가서도 이것은 언제나 유지하고 있습니다. 그러니까 우리들은 부지런히 예수님과 가까워지는 이 달음박질을 하되 향방을 바로 정해 가지고 가야 된다는 것을 우리가 알아야 합니다.

3. "그러므로 내가 달음질하기를 향방 없는 것같이 아니하고, 싸우기를 허공을 치는 것같이 아니하여"(26절)

그러면 우리가 싸울 때 목표를 향해 싸워야 합니까, 허공을 치면서 싸워야 합니까? 예를 들면 권투 선수들이 링 위에서 상대방과 권투 시합을 할 때 그냥 주먹만 휘두르면 됩니까, 정타를 쳐야 합니까? 종이 땡하고 울리면 그저 눈을 감고 양 주먹을

썩지 아니할 면류관

냅다 휘둘러 댑니다. 그러면 허공은 잘 치는 것이지요. 그런 사람은 상대방이 와서 정타를 한 방 때리면 KO되고 맙니다.

이와 같이 우리가 열심을 내되 허공을 치는 것처럼 하지 말고 주의 뜻에 적중하도록 해야 합니다.

그러면 주의 뜻에 적중한다는 것이 무엇입니까?

지금 목사님은 설교를 하고 있는데 나는 성령 충만해서 찬송이 터져 나오려고 합니다. 그래서 '목사 당신은 설교나 하시오, 나는 찬송이나 할 겁니다' 하고는 목사님은 설교를 하시는데 자기는 찬송을 합니다. 이것은 죄가 될 수 있습니다. 이것이 바로 허공을 치는 것입니다. 찬송도 아무 때나 불러대면 안됩니다.

기도도 마찬가지입니다. 목사님이 건강이 안 좋은 상태에서 설교를 합니다. 그래서 '건강도 안 좋으신 목사님이 설교를 하시는데 얼마나 힘이 들까?' 하고, 목사님은 설교를 하고 계시는데 자기는 설교는 듣지 않고 기도를 합니다. "성령님이 오셔서 우리 목사님에게 건강을 주시고……" 이렇게 설교 소리보다 더 크게 기도를 합니다. 이것은 적중이 아닙니다. 설교를 방해하는 죄가 됩니다. 그러니까 무엇이든지 적중해야 합니다. 하나님의 뜻에 적중되지 못한 것은 죄입니다.

예수는 자기 마음대로 믿는 것이 아니라 하나님의 뜻에 적중하도록 믿어야 합니다. 집에서 속이 상했습니다. 그래서 보따리를 싸 가지고는 산에 가서 기도나 하고 오자 하고 기도원에 갑니다. 이것은 하나님의 뜻에 맞는 적중이 아닙니다. 이것은 현실을 도피하는 것입니다. 집에서 속상한 일이 있으면 거기서 이겨내야 합니다. 오히려 기도하려면 가정에 안정이 있을 때 기도하러 가야지요.

면류관으로의 초대

바울은 이런 적중하지 못하는 향방 없는, 허공을 치는 그런 싸움은 싸우지 말라는 말씀을 하고 있습니다. 그러므로 우리가 신앙 생활을 바로 하려면 바로 배워야 합니다. 교역자를 바로 만나서 바로 배워야 합니다.

4. "내가 내 몸을 쳐 복종하게 함은"(27절)

내가 내 몸을 치라 한다고 해서 몽둥이를 가지고 자기 몸을 치라는 말은 아닙니다. 여기서 자기를 치라는 말은 대내전을 잘 하라는 말입니다. 자기가 자기 속에 있는 옛 사람을 꺾으라는 말입니다.

5. "내가 남에게 전파한 후에 자기가 도리어 버림이 될까 두려워함이로라"(27절 하반절)

이 말씀에서, 내가 복음을 전하는데 자기는 버림이 될까 두려워한다는 말은, 지옥간다는 말이 아닙니다. 자기는 버림이 될까 두려워한다는 말은 하나님 앞에 버림이 된다는 말도 될 수 있지만 자기의 영원한 자기, 능력있는 자기, 참 자기가 될 수 있는 그 자기를 상실하게 된다는 말입니다. 이렇게 되지 않으려면 썩지 아니할 면류관을 얻기 위하여 노력을 해야 됩니다.

그러면 이 썩지 아니할 면류관은 어떤 사람이 받습니까? 신앙 싸움에서 이긴 사람이 받습니다.

여기서 신앙 싸움이란, 전체를 통틀어서 말하면 한 가지로 볼 수 있지만 여러 가지 싸움이 있습니다. 우리의 신앙의 싸움이란 가장 기초 단계의 싸움입니다. 25절 말씀에 보면 두 가지로 비교해 놓았습니다.

"저희"는 썩을 면류관을 얻고자 한다고 했습니다. 썩을 면류관은 이 세상에서 행복하고 이 세상에서 누리는 것을 말합니다. 이 세상에서 누리고 싶은 것, 이 세상에서 만족하고 싶은 것, 다시 말하면 육이 주격이 되어서 즐거워하고 행복해 하는 것은 썩을 면류관입니다. 우리 속에도 이런 요소가 들어 있습니다.

"저희"가 다 들어 있습니다. "저희"가 들어 있다는 말은 무슨 말입니까? 썩을 면류관을 좋아하는 요소와 성분이 우리 속에는 다 들어 있다는 말입니다.

그러므로 무엇보다 첫째는 대내전에 있어서 이것과 싸워야 합니다. 우리의 신앙 싸움은 이것과 더불어 싸워야 하는데, 만일 그렇지 못하면 실패하고 맙니다.

하나님은 우리 인간을 모든 만물을 지으신 가운데 우수한 소재로서 지으셨고, 또 하나님의 구원 역사의 제일의 목적물로 지으셨습니다.

다른 각도로 생각해 보면, 만물을 위해서 사람을 지었습니까, 사람을 위해서 만물을 지었습니까?

창세기 1장과 2장을 보면 하나님께서 만물보다 사람을 나중에 지으셨습니다. 모든 만물을 지어 놓고 나니 관리해야 할 존재가 필요했습니다. 다스리고 지키고 통치할 수 있는 그런 존재가 필요했습니다.

그러면, 하나님께서 바빠서 관리할 시간이 없어서 하나님의 형상과 같은 인간을 지어서 "너희들, 이 만물을 다스리고 지키고 통치하라"고 하신 것입니까?

잘못 생각하면 그렇게 보입니다. 우리가 그렇게 생각한다면 하나님께서 만물을 지어 놓으시고 만물을 지키고 다스리고 관리하

면류관으로의 초대

기 위해서 인간을 지으신 것으로 생각됩니다. 그러나 우리는 이 말씀을 똑똑히 들어야 합니다.

하나님께서 지으신 순서는 만물과 인간의 순서였지만, 우리 인간을 먼저 지으실 것을 예정해 놓으시고 인간을 짓기 전에 만물을 인간을 위해 지으신 것입니다. 인간을 위해 만물을 지으셨습니다.

그러면 인간은 왜 지으셨을까요? 하나님께서 심심해서 지으셨을까요? 인간의 구원을 위해서 지으셨습니다.

그러면 이 구원이라고 하는 구원은 무슨 구원입니까? 예수 그리스도의 구속을 입는 구원을 말하는 것입니까, 궁극적이며 영원하며 결과적인 구원을 말하는 것입니까? 궁극적이며 영원하며 결과적인 구원을 말하는 것입니다.

이 구원을 위해서 지으셨기 때문에 우리 인간은 특수성을 가지고 있습니다. 이 특수성은 다른 어떤 피조물도 가질 수 없는 우리 인간만이 가지고 있는 특수성으로 다음의 세 가지입니다.

첫째는 자연을 지배하면서 기뻐하고 만족하는 것이요, 둘째는 신령 세계를 지배하고 통치하고 활용하고 사용하고 누리면서 기뻐하고 즐거워하고 만족하는 것이며, 셋째는 하나님으로 더불어 인격적 결합에서 기뻐하고 즐거워하고 만족하는 것입니다.

자연의 지배를 받으면서 자연이 주는 그 기쁨으로써 기뻐하는 것은 모든 동식물도 같이 가질 수 있습니다. 하지만 자연을 지배하면서 자연을 다스리면서 자연을 이용하면서 기뻐하고 만족할 수 있는 것은 우리 인간만이 가진 특권입니다.

또, 아무리 이 세상에 많은 존재가 있다고 하지만 신령 세계, 무궁 세계를 다스리고 활용하고 지배하고 통치하면서 기뻐하고

썩지 아니할 면류관

만족해 할 수 있는 것 또한 우리 인간뿐입니다. 더 나아가서는 보이지 않는 하나님과의 인격적 애정적 수수 관계로써 기뻐하고 즐거워하고 만족해 하는 최고의 극치에 이를 수 있는 것도 우리 인간뿐입니다.

이것이 하나님께서 우리 인간을 지으신 3대 특수성임을 우리가 알고 지나가야 합니다.

이 진리를 깨닫지 못하면, 하나님께서 우리 인간에게 주신 특수성을 스스로 포기하게 되고 마는 것입니다. 하나님께서 우리를 인간으로 지으시면서 인간에게만 주신 가장 중요하고 요긴한 이 특수성을 포기하게 됩니다.

인간이면서도 인간다운 사람으로 바로 살지 못하면, 가장 먼저 무엇을 포기하게 됩니까? 내가 믿음이 없으면, 첫째로는 만물을 지배하면서 기뻐하는 그것을 못하게 됩니다. 둘째로는, 신령 세계를 활용하고 지배하고 사용하면서 기뻐하는 그 기쁨을 가지지 못하게 됩니다. 셋째로는, 하나님과의 인격적 수수 관계로 인해 기뻐하는 이 기쁨을 못가지게 되는 것입니다.

그러면 이것은 하나님이 빼앗아가신 것입니까, 자기가 바로 살지 못해서 스스로 포기한 것입니까? 예, 자기가 스스로 포기한 것입니다. 이것을 우리가 똑똑히 알고 나는 3대 특수성을 가진 나라는 것을 알고 이것을 붙잡고 살아야 됩니다.

우리의 첫번째 싸움은, 썩을 면류관이라고 하는 환경이 주는, 현실이 주는 것으로 만족해 하며 썩을 면류관을 얻기 위해 노력하는 싸움입니다. 다시 말하면, 내가 하나님께서 주시는 자연을 가지고 하나님을 섬기느냐 아니면 내가 누리느냐? 자연을 가지

면류관으로의 초대

고 누리느냐 아니면 하나님을 섬기는 데 투자하느냐? 이 싸움을 싸워야 합니다.

그러면 이 싸움을 어떻게 싸워야 합니까? 내 속에는 누리고 싶은 것이 있는데, 이는 곧 육이 누리고 싶은 것입니다. 내가 육을 쳐서 복종시켜 "육아! 네가 아무리 누리고 싶어도 그 누리는 것을 내가 허락하지 않는다. 너는 죽도록 주님을 위해서 봉사해라! 나의 주체성은 영이니 너는 죽도록 봉사하고 수고하고 충성해라!"

이렇게 해서 육이 영의 지배를 완전히 받게 되면, 육도 이성과 몸도 봉사하는 그것으로 즐거워지게 됩니다. 이것은 완전히 바꾸어지는 것입니다. 누리면서 기뻐하는 것이 아니고, 봉사하고 충성하면서 기뻐하는 사람이 됩니다. 사람이 변화된다는 것입니다.

2. 자연이 주는 만족은 조만간에 다 썩을 면류관입니다.

썩는다는 것은 없어진다는 말이요, 유한성을 가졌다는 말입니다. 현재 내가 ○○○협회 회장이라는 명예를 가졌다고 합시다. 이것이 죽음 저편에 가서도 영원히 인정됩니까, 죽음의 선에서 끝나 버립니까?

지금은 내가 이런 사람이라 하면 남들이 알아 줍니다. 그러나 천국에 가서는 그것을 알아 주지 않습니다. 박사가 일곱 개라고 해도 거기서는 알아 주지 않습니다. 그런 것은 죽음의 선에서 끝나고, 세대가 바뀌면 끝나고, 바람 불면 넘어지고, 비 오면 무너지는 것입니다. 그것은 다 썩을 기쁨이요 썩을 면류관입니다.

그런데 오늘날 많은 사람들이 이것을 위해 분투 노력합니다.

●
썩지 아니할 면류관

물론 하나님을 잘 섬기기 위해서 노력하고 애쓰는 것도 있지만, 대부분은 이 세상에서 행복하려고, 누리려고 노력하고 애씁니다. 이것은 다 썩을 면류관을 얻기 위해서 노력하는 것입니다.

박사 학위보다는 실력이 중요합니다. 간판이 중요한 것이 아니고 실력이 중요합니다. 하나님은 실력을 인정해 줍니다. 공연히 돈 들여서 간판만 붙여 가지고 간판 자랑이나 하려고 하는 것은 다 썩을 면류관입니다. 많은 돈을 투자해서 간판을 사서 좋아할지 모르지만, 따져 보면 정신나간 사람이나 다름없습니다. 요즘 보면 정신나간 사람이 한두 사람이 아닙니다.

문제는 내 손에 66권 성경이 있느냐 하는 것입니다. 기도하고 양심 바로 쓰고 썩을 면류관을 초월하고 인간의 3대 특수성을 붙잡고 사는 것이 복입니다.

바울에게 준 성령님의 감화 감동을 왜 내게는 안 주실까? 왜 여러분에게는 안 주시겠습니까? 하나님은 상후 하박이 없으십니다. 바울에게 주신 성령님의 감화 감동, 어떤 유명한 목사님에게 주신 성령님의 감화 감동을 내게도 주실 줄 믿습니다.

우리는 성경 읽기를 게을리하지 말아야 합니다. 성경을 읽을 때에도 자기를 합리화시키기 위해서 읽지 마십시오. 성경을 성경으로서 읽고, 자기를 고치기 위해서, 자기를 만들기 위해서 읽어야 합니다.

이렇게 "저희"는 썩을 면류관을 얻기 위해서 노력하지만 우리 하나님의 백성들은 썩지 아니할 면류관을 얻기 위해 노력해야 합니다.

그러면 썩지 아니할 면류관은 어떤 것입니까?

면류관으로의 초대

내가 이것으로 누릴까, 하나님을 위해서 쓸까? 이 시간을 누리는 시간으로 보낼까, 하나님을 섬기는 시간으로 보낼까? 이 경제를 내가 누리는 데 쓸까, 하나님을 섬기는 데 쓸까? 내가 누리느냐, 하나님을 섬기는 데 쓰느냐?

우리는 이런 것들과 더불어 싸워야 합니다. 이 싸움에서 승리한 자에게 하나님께서는 썩지 아니할 면류관을 주십니다. 이 시간에도 내가 누워서 즐기느냐, 편안히 보내느냐? 아니면 하나님을 위해서 쓰느냐? 이렇게 매사에 싸워야 합니다.

이 싸움은 폭력적인 싸움이 아닙니다. 신앙의 싸움, 곧 대내전의 싸움입니다. 이 싸움은 남들이 보기에는 싸우는지 모릅니다. 그러나 자기 속에서 부지런히 싸웁니다. 썩을 면류관이냐, 썩지 않을 면류관이냐? 이 둘을 가지고 부지런히 싸워야 합니다.

내가 이 시간에도 돈을 버느냐, 주님을 위해서 한 시간을 바치느냐? 이렇게 큰 사건에서 작은 사건에 이르기까지 누림이냐, 투자냐? 하는 싸움을 부지런히 싸워야 합니다.

그리고 그 다음에는 이 싸움을 보통으로 하지 말고 경쟁을 해야 됩니다. 야곱의 아내는 넷이었습니다. 정처의 이름이 레아요, 애처의 이름이 라헬입니다. 라헬이 자기가 아들을 낳지 못하니까 몸종을 자기 남편 야곱에게 줘서 아들을 낳았습니다. 그러니까 레아는 애처 라헬이 아들 하나도 낳기 전에 르우벤과 시므온과 레위와 유다를 낳았습니다. 그래서 라헬도 질세라 자기의 몸종인 빌하를 줘서 단이라는 아들을 낳았습니다. 또 두번째 아들 납달리를 낳았습니다. 납달리라는 이름의 뜻은 "경쟁한다"는 뜻입니다.

그러면 라헬이 레아보다 아들을 적게 낳았기 때문에 경쟁했습

썩지 아니할 면류관

니까? 아니면 라헬이 다른 사람이 자기를 따라오지 못하도록 멀리 도망가기 위해서 경쟁하고 있습니까? 납달리는 경쟁한다는 뜻입니다.

우리가 라헬의 육적인, 즉 도덕적인 측면을 보면 참 덕스럽지 못합니다. 그런데 이것이 성경에 기록된 이유는, 이것은 이스라엘 열두 지파를 확장시키고 증가시키는 운동의 일환이었습니다. 이 것을 다른 각도에서 말한다고 하면, 생명 운동의 경쟁을 하고 있 는 라헬이라고도 볼 수 있습니다.

여기 "납달리"라는 이름의 의미대로 우리는 신앙의 경쟁을 해야 합니다. 남보다 내가 두곱 세곱이나 더 많아도 나는 하나도 없는 것처럼 경쟁해야 합니다. 라헬이 아들 둘을 낳았지만 아들이 하나도 없는 것처럼 경쟁을 했던 것처럼 말입니다.

내가 과거에 아무리 하나님 앞에 경쟁, 충성을 많이 했다고 해 도, 현재 다른 사람이 경쟁, 충성을 할 때에 자기가 과거에 충성한 것은 완전히 무시해 버리고 저 사람이 무엇을 많이 하면 나도 많이 합니다. 현재 충성하는 그 사람이 나에게 "너는 과거에 많이 하지 않았느냐?" 할 때, 이 사람은 "과거는 과거고 현재 많이 해야지" 하고 하기도 합니다.

이와 같이 우리는 현재에 계속 경쟁을 해야 합니다. 이렇게 하면 계속 앞서 나아갈 수 있습니다.

이것이 신앙 경쟁이라는 것을 우리가 알아야 합니다. 나는 과거에 새벽기도도 많이 나오고, 감사 헌금도 많이 하고, 충성도 많이 했으니까 네가 아무리 많이 해 봐야 너는 나를 따라오려면 아직도 캄캄하다고 하면 안됩니다.

이렇게, 이미 낳은 아들들을 의식하지 않고 네가 또 낳으면 나

면류관으로의 초대

도 또 낳는다는 자세로 임해야 합니다.

성경을 읽는 것도, 내가 과거에 성경을 수백 번을 읽었다 할지라도 어떤 사람이 나에게 "나는 오늘 성경을 열 장 읽었다"하면, 그러면 "나도 열 장을 읽어야지!" 하는 자세입니다. 과거는 과거로 돌려놓고 현재적으로 경쟁을 해야 한다는 말입니다.

이렇게 할 때에 받는 이것이 곧 썩지 아니할 면류관입니다. 이렇게 나아갈 때에 대외적으로 그 사람에게 영광과 존귀가 안 돌아갈 수 없습니다. 그래서 하나님의 영광을 입게 됩니다.

이런 사람을 누가 무시하겠습니까? 이런 사람을 누가 천대하겠습니까? 교회에서 어떤 일을 하는데 "아무개 집사는 과거에 일을 많이 했지 않느냐? 이제 이 일을 우리가 하겠다"고 할 때, "전에 한 것은 전에 한 것이고 현재는 현재니 나도 해야 되겠다"고 할 때 그 사람을 누가 무시하겠습니까? 모든 사람이 우러러 봅니다.

누구에게 나를 존경해 달라, 나를 좀 알아 달라, 나를 좀 높여 달라고 할 필요가 없습니다. 그런 사람은 자연히 존경의 대상이 된다는 것을 우리는 알아야 합니다.

하나님께서 오늘 우리에게 주신 말씀은, 저희들은 썩을 면류관을 얻기 위해 노력하지만 너희들은 썩지 아니할 면류관을 얻기 위해 노력하라고 하시는 것입니다.

이 썩지 아니할 면류관을 얻기 위해 경쟁하라는 말씀입니다. 우리가 과거에 신앙 생활 잘한 것은 계산에 넣지 않고 현재 신앙 생활을 더 잘하려고 노력하면, 이 사람이 주님과 가장 친근한 지위를 유지할 수 있게 되는 것입니다.

3

소망의 면류관

"이러므로 우리가 하나님께 쉬지 않고 감사함은 너희가 우리에게 들은 바 하나님의 말씀을 받을 때에 사람의 말로 아니하고 하나님의 말씀으로 받음이니 진실로 그러하다 이 말씀이 또한 너희 믿는 자 속에서 역사하느니라 형제들아 너희가 그리스도 예수 안에서 유대에 있는 하나님의 교회들을 본받은 자 되었으니 저희가 유대인들에게 고난을 받음과 같이 너희도 너희 나라 사람들에게 동일한 것을 받았느니라 유대인은 주 예수와 선지자들을 죽이고 우리를 쫓아내고 하나님을 기쁘시게 아니하고 모든 사람에게 대적이 되어 우리가 이방인에게 말하여 구원 얻게 함을 저희가 금하여 자기 죄를 항상 채우매 노하심이 끝까지 저희에게 임하였느니라 형제들아 우리가 잠시 너희를 떠난 것은 얼굴이요 마음은 아니니 너희 얼굴 보기를 열정으로 더욱 힘썼노라 그러므로 나 바울은 한 번 너희에게 가고자 하였으나 사단이 우리를 막았도다 우리의 소망이나 기쁨이나 자랑의 면류관이 무엇이냐 그의 강림하실 때 우리 주 예수 앞에 너희가 아니냐 너희는 우리의 영광이요 기쁨이니라."

데살로니가전서 2 : 13-20

본문 19절 말씀에 보면 우리의 소망이나 기쁨이나 자랑의 면류관을 말했는데, 이 말씀을 좀더 자세히 하면 "소망의 면류관, 기쁨의 면류관, 자랑의 면류관이 무엇이냐? 그의 강림하실 때에 우리 주 예수 앞에 너희가 아니냐? 너희는 우리의 영광이요 기쁨이니라"라고 했습니다.

오늘은 소망의 면류관에 대해 말씀을 드리겠습니다. 면류관 중에도 소망의 면류관이 있습니다. 이 세상에서도 보면 여러 가지 종류의 우승기가 있고 또 무슨 무슨 관이 있는 것과 같이, 성경에도 보면 썩을 면류관, 썩지 아니할 면류관, 소망의 면류관 등 여러 면류관이 있는 것을 볼 수 있습니다.

우리가 소망의 면류관을 얻기 전에 먼저 해야 할 일이 있습니다. 썩을 면류관을 얻기 위하여 노력하는 그것부터 제거하는 것입니다. 그리고 나서 그 다음에 소망의 면류관을 가질 수 있습니다.

그러면 소망의 면류관은 어떤 사람이 받을 수 있습니까? 성도를 사랑하는 자가 받는 면류관이 소망의 면류관입니다.

가장 문제가 되는 것은, 썩을 면류관을 얻고자 원하는 이것이

소망의 면류관

문제입니다. 오늘 우리 속에는 누구든지 다 썩을 면류관을 얻고자 하는 성분이 들어 있습니다. 또 대외적으로는 남들이 나를 알아주었으면 하는 마음도 다 들어 있습니다. 이 세상에 교회가 있는 한은 계속 있다는 것을 알아야 합니다.

우리는 이것을 뽑기 위해 애를 써야 할 줄 압니다. 이 썩을 면류관은 두 가지라고 했습니다. 속으로는 기쁘고 즐겁고 만족하고 누리고 싶은 것이 있고, 밖으로는 남들이 나를 알아주는 영광과 존귀를 받고자 하는 이런 성분이 우리 속에는 다 들어 있습니다. 우리는 이것을 뽑으려고 애를 써야 합니다.

그런데 이것을 뽑기가 여간 힘이 들지 않습니다. 내 속에 타락성, 오염성, 죄악성, 이런 것들이 가득 들어 있어서 잘 뽑아지지 않습니다.

이것을 뽑으려면 이것을 초월할 수 있는 신앙이 있어야 합니다. 이것을 뽑으려면 인간의 3대 특수성을 붙잡아야 합니다. 다시 말하면, 자연의 지배를 받으면서 만족해 하는 이 만족에서 떠나 자연을 지배하면서 기뻐하는 이 기쁨을 가지는 것입니다. 그렇게 되면 썩을 면류관은 시시해집니다. 과거에는 그렇게 높이 보이던 썩을 면류관이 이제는 시시하게 보입니다.

빌립보서 3장에 보면 바울이 주님을 만나기 전에는 바울 역시도 썩을 면류관을 얻기 위해서 노력했던 사람입니다. 그것이 최고인 줄 알고 그것을 얻기 위해 길리기아 다소에서 공부를 하고, 그것도 부족해서 예루살렘에 가서 열심히 공부를 했습니다. 썩을 면류관이 최고인 줄 알고 그것을 얻기 위해서입니다.

그런데 그리스도를 발견한 후에는, 그리스도를 만난 후에는 그

면류관으로의 초대

렇게 최고인 줄 알았던 그것이 시시하게 보입니다. 예수 그리스도를 발견하지 못한 사람도 학문이나 어떤 사상에 두드러진 사람은 그런 것을 다 초월하게 됩니다.

그런데 우리가 예수를 믿는다고 하면서 아직도 그런 데 묶여서 그런 지배 아래서 산다는 것은 예수를 만나보지 못했다는 증거입니다. 지위 고하를 막론하고, 직분이 어떻든지간에 그런 사람은 예수를 만나보지 못했다는 증거입니다.

예수를 바로 알고 진리를 바로 알면 그런 것은 시시하게 보일 수밖에 없습니다. 그러나 예수 맛을 보지 못한 사람은 썩을 면류관을 가지고 위로를 받을 수밖에 없습니다.

우리가 자녀를 양육할 때에도, 얼마든지 부귀 영화를 누리고 잘살 수 있는 길이 있지만 주님을 위해서, 복음을 위해서 사는 것이 더 가치 있고 더 보람이 있다는 가치관을 길러 주어야 합니다.

이렇게 살아도 한평생, 저렇게 살아도 한평생, 어차피 한평생 살다 갈 인생인데 주님의 이름을 팔아 가지고 잘먹고 잘입고 부귀 공명을 누리고 사는 것보다는, 주의 이름을 위해 감옥에도 가고 굶기도 하고 헐벗기도 하고 멸시 천대를 받을 수 있는 이런 가치 있는 삶을 살도록 정신력을 넣어 주어야 합니다. 그래야 참 믿음의 사람이 되는 것입니다.

가룟 유다가 예수님의 육신을 팔았던 것처럼, 자칫 잘못하면 오늘 우리는 예수 이름 팔아서 자기 부귀 공명을 누릴 수 있습니다. 이런 그릇된 사상이 아무도 모르게 교회에 침투하고 있다는 것을 알아야 합니다.

주의 고난에 참예하는 것을 영광으로 생각할 줄 알아야 합니다.

소망의 면류관

바울이 실력이 없어서 그렇게 멸시 천대받고 고난을 당했습니까? 그것이 가장 가치가 있는 삶이라는 것을 알았기에 그렇게 한 것입니다.

여러분들의 귀에는 좀 거슬릴지 모르겠지만, 목회자는 사치스럽게 살면 안됩니다. 이는 복음을 가로막는 것입니다. 그저 복음 전하고 살다가 가는 것으로 만족하고 살아야 합니다. 성경을 가지고 자기의 행복, 자기의 부귀 공명을 누리는 것을 합리화시키려고 하는 이런 정신은 아예 빼버려야 됩니다.

목회자는 정신 자체가 바르게 되어 있어야 합니다. 썩을 면류관을 얻기 위하여 하는 이것을 뽑으려는 것보다 예수만 바로 발견하면 됩니다. 예수만 바로 발견하게 되면 썩을 면류관을 가져다 안겨 주어도 자기 것으로 소유하지 않습니다. 그러므로 사람이 달라져야 합니다.

바울이 그런 사람이었습니다. 바울에게 썩을 면류관을 주려고 "우리 대학에서 당신에게 사회학 박사 학위를 수여하려고 합니다" 하면, "당신은 아직도 나를 옛날 사울로 착각하시는 모양인데, 그때는 그런 것을 좋아했지만 이제는 그런 것은 시시합니다. 나는 그것보다 더 좋은 것을 발견했습니다"라고 할 것입니다.

바울이 발견한 것은 그리스도 안에서 그리스도를 발견한 것입니다. 그러니 그리스도와 더 가까이 합니다. 우리도 그리스도를 안다고는 하지만 아직도 우리에게 발견되지 못한 그리스도가 있습니다.

여러분들이 그리스도를 다 압니까? 여러분들이 그리스도를 다 연구했습니까? 내 속에 아직도 계발되지 못하고 있는 그런 분

면류관으로의 초대

야가 얼마나 많습니까 ! 우리가 그리스도를 더 알고 더 계발할 때에, 과거에 바울이 박사 학위 받는 것보다 훨씬 더 낫다고 고백한 그런 고백을 하게 될 것입니다. ·

"나는 그리스도 한 분만으로 족하다."

그리스도를 발견한 사람은 옛날 썩을 면류관을 얻고자 노력했던 것을 뽑으려고 노력하고 애쓰지 않았는데도 그리스도를 발견하고 나니까 언제 없어졌는지 없어졌다는 말입니다.

진리의 말씀은 못쓰게 된 인간을 쓸모 있게 만들어 놓습니다. 다시 말하면, 썩을 면류관을 얻기 위하여 노력하던 사람을 썩지 아니할 면류관을 얻기 위하여 노력하는 사람으로 바꾸어 놓는다는 말입니다.

우리가 바로 배우면 썩을 것은 버리게 됩니다. 아이들에게 "네가 가지고 있는 것은 썩을 것이다. 그러니 버려라"라고 말하며 아무리 버리라고 해도 버리지 않습니다. 따귀를 때려 가면서 버리라고 해도 오히려 죽는다고 앙앙거리고 아우성만 칩니다.

강제로 빼앗으려고 하지 말고 스스로 버리도록 해주면 됩니다. 썩을 것보다 더 좋은 썩지 아니할 것만 갖다 주면 됩니다. 교회에서도 당신 죄를 끊을 거냐, 안끊을 거냐? 담배도 못 끊고 예수 믿느냐? 자기도 담배를 끊지 못해서 애쓰는 사람에게 담배 끊지 못한다고 호통을 치지 않고, 진리를 가르쳐서 변하여 새 사람을 만들어 놓으면, 끊으라고 말을 하지 않아도 스스로 끊습니다. 못 끊는 담배를 끊으라고 야단을 치는 것보다는 예수를 발견하게 해주면 모든 것을 초월할 수 있게 되는 것입니다.

그렇게 되면 소망의 면류관을 얻게 됩니다. 예수를 발견하고

소망의 면류관

나면 자기가 예수의 사랑을 깨닫기 때문에, 자기가 예수의 사랑을
느껴 보고 받아 보고 맛보고 나면, 이제는 예수를 사랑하는 사람
이 될 수밖에 없다는 것을 우리에게 보여주게 됩니다.

우리가 이 썩을 면류관을 얻고자 하는 이것을 뽑는 비결이 무
엇이라 했습니까? 내가 아직도 세상이 주는 것, 자연으로 통하여
오는 것을 누리기를 좋아하고 누리고 있는 이것은 설교를 듣고
영의 세계가 어떻고, 하나님이 어떻고, 진리가 어떻고, 주일 성수
를 해야 되고, 하나님 위주로 살아야 된다는 것은 들었지만, 이
것은 아직도 예수를 발견하지 못한 증거입니다.

예수를 발견해서 자기가 먼저 이것을 초월해야 됩니다. 그래야
말씀을 전할 때 그 말씀이 살아서 역사하는 것입니다.

우리가 소망의 면류관을 얻어야 되겠는데, 어떤 사람이 묻기를
면류관이 열한 가지라고 하는데 그러면 천국에 가면 면류관을
포개서 쓰느냐고 묻습니다.

예, 면류관은 포개 쓸 수 있습니다. 그런데 면류관은 아무리
포개 써도 무겁지 않습니다. 면류관이라고 하는 것은 영광의 표
식이요, 기쁨의 표식이요, 즐거움의 표식이요, 만족의 표식이요
존귀의 표식입니다.

예를 들면, 우리가 이 세상에서도 입으로 만족하는 것이 한두
가지가 아닙니다. 우리의 입을 즐겁게 하는 것은 음식물인데 설
탕은 단 맛을 내고, 호도는 고소한 맛을 내고, 수박은 달고 시원
하고, 밤은 밤맛을 내는 것처럼, 우리의 기쁨과 즐거움도 복합적
입니다. 매우 다양합니다.

그런데 소망의 면류관이라는 성분이 별도로 있습니다. 다시 말

하면, 소망의 면류관을 얻지 못한 사람은 이로 인해 오는 기쁨이나 즐거움이나 만족이나 쾌락이나 영광이나 존귀는 아무런 상관이 없습니다.

천국을 가느냐 못 가느냐는 우리가 염려할 필요가 없습니다. 그것은 주님께서 염려할 것입니다. 그러면 이래도 천국 가고 저래도 천국 갈 바에는 세상에서 쉽게 예수 믿고 세상에서 할 일 다하고 부귀 공명도 누리는 것이 더 좋지 않겠느냐 할 수도 있습니다.

물론 그렇게도 살 수 있지만, 우리가 그렇게 살면 천국이 어떤 천국인지 그것을 모릅니다. 신령계가 어떤 곳인지를 모릅니다. 그것을 모르기 때문에 그저 천국에만 가면 되는 줄로 아는 것입니다.

우리는 이 세상에서 천국 가느냐, 못 가느냐 하는 그것이 문제가 아니라, 우리가 천국갈 때까지 어떤 가치 있는 삶을 살다가 가느냐가 문제입니다. 자기가 어떠한 삶을 살고 가느냐에 따라서 영광이 달라지고, 기쁨이 달라지고, 즐거움도 달라지게 되는 것입니다.

우리가 음식을 먹어도, 단 것만 먹는 것보다는 단 것도 먹고 고소한 것도 먹고 짭짤한 것도 먹고 얼큰한 것도 먹어야 더 좋습니다. 이와 같이 우리의 신앙 생활도 빈약한 면이 있으면 그면은 천국에서도 누리지 못합니다. 소망의 면류관은 성도를 사랑하는 사람이 얻는 면류관이라고 했습니다.

이는 예수 그리스도의 피 공로를 입은 성도만을 말하는 것이 아니고 하나님의 택한 백성을 두고 한 말입니다. 우리는 성도를 다 모릅니다. 우리는 이 사람이 성도다, 저 사람은 성도가 아니다

소망의 면류관

하는 이것을 모릅니다.

하나님께서 당신의 형상대로 지어 놓으신 하나님의 백성은 하나님의 자녀입니다. 하나님의 자녀 중에는 이미 중생한 하나님의 자녀가 있고, 아직은 중생하지 않았지만 하나님의 예택을 입은 미래적으로 하나님의 자녀가 될 자들이 있습니다. 우리 하나님께서는 잘났든 못났든, 올바르든 올바르지 않든, 현재 중생한 자녀든 아직 중생하지 않은 자녀든 하나님의 자녀면 다 사랑하십니다. 하나님이 사랑하시는 이 하나님의 자녀를 내가 사랑하면 소망의 면류관을 얻습니다.

그러면 하나님의 자녀인지 아닌지를 내가 어떻게 알고 사랑합니까? 우리는 알 수가 없습니다. 그러므로 우리는 무조건 다 하나님의 자녀인 줄 알고 하나님의 형상대로 지은 사람이면 전부 사랑해야 합니다. 미운 사람이든 고운 사람이든, 친구든 원수든, 잘난 사람이든 못난 사람이든 사람이면 다 사랑해야 합니다.

교역자는 교인이 내게 대해서 별별 저주를 하고 욕설을 퍼붓는다 할지라도 그것은 그 사람이 할 일이고 나는 그 사람을 위해 주고, 그 사람의 단점을 덮어주고, 그 사람의 허물을 덮어주고, 그 사람을 사랑해 주면 하나님이 보십니다. 믿는 자들은 항상 하나님을 생각해서 사람을 대하고 일을 해야 합니다.

하나님을 떼어놓고 너와 내가 직접 상대하면 안됩니다.

남의 흉을 들추어내는 사람이 복을 받습니까, 남의 수치를 덮어주는 사람이 복을 받습니까?

노아의 세 아들 중에서 둘째 아들 함이 어떻게 했습니까? 함이 자기 아버지의 장막에 들어가 보니까 아버지가 포도주를 잔뜩

면류관으로의 초대

마시고 술에 취해 가지고 벌거벗고 누워 있었습니다. 수치스런 모습을 보았으면 자기 혼자만 보았으니까 자기 혼자만 알고 자기만 눈감고 자기 입만 다물고 있었으면 아무도 모를 것입니다.

남이 알기 전에, 남이 보기 전에 자기가 아버지를 이불로 덮어 가려주고 아버지를 깨워서 "술이 과하셨던 것 같은데 옷을 입고 계세요" 했더라면 아버지가 감동을 받아 "함아, 네가 진짜 내 아들이구나" 하고 축복을 했을 것입니다.

그런데 함이 아버지의 수치를 보고 가서 자기 형 셈과 동생 야벳에게 나팔을 불어댔습니다. 나머지 온 식구들도 보지는 못했지만 노아가 벌거벗었었다는 것을 함 때문에 다 알게 되었습니다. 그러나 함은 거짓말하지 않고 사실 그대로를 말한 것 아닙니까? 그렇지만 사실 그대로 말했다는 것은 그다지 중요하지 않습니다. 그 사람에게 수치가 되는 것을 왜 떠들어 댑니까? 그렇게 해서 자기에게 유익한 것이 무엇이 있습니까?

그렇게, 우리 중에는 남의 수치를 드러내서 나팔불기를 좋아하는 사람이 있고 남의 수치를 감추는 사람이 있습니다. 함은 자기 아버지의 수치를 드러냈지만 셈과 야벳은 그 수치스러운 소리를 듣고 뒷걸음질쳐 들어가서 아버지의 수치를 덮어 주었습니다.

이것은 우리에게 무엇을 가르칩니까? 형제의 수치를 덮어주기를 좋아하고 형제의 허물을 덮어주기를 좋아하는 이런 사람이 있는가 하면, 그저 앉으면 형제의 수치를 드러내고 나팔을 불고 확대를 시키는 사람이 있습니다. 이렇게 해서 자기에게 덕이 되는 일이 무엇이 있습니까?

그러므로 우리가 근본적으로 바꾸어지려면 하나님과 나 그리고 형제, 이렇게 모두를 사랑하는 사람으로 살아야 되는 것입니다.

소망의 면류관

사람을 미워해서 내게 유익되는 것은 아무 것도 없습니다. 어떤 사람이 나에게 피해를 입혔습니다. 내가 그 사람 때문에 큰 피해자가 되었습니다. 그것을 복수하기 위해 그 사람이 생각날 때마다, 그 사람을 볼 때마다 미워합니다.

내가 그 사람을 미워한다고 해서 내가 미워하는 그 사람이 다리가 잘라집니까? 눈이 빠집니까? 보복이 됩니까? 내가 그 사람을 미워한다고 해서 내게 덕되는 것이 무엇이며, 그에게 손해되는 것이 무엇이며, 그에게 해가 되는 것이 무엇이 있습니까? 손해는 누가 봅니까?

결국 내가 이중적으로 손해를 보고 있는 것입니다. 저 사람이 내게 입힌 일차적인 피해를 입었고, 또 그 사람을 미워하게 되면 미워하는 피해를 더 입게 되는 것입니다.

마귀가 어디서 역사합니까? 미워하는 그 사람 속에서 역사합니다. 그러므로 내가 미워하는 그때부터 나는 심판거리를 건설하는 것입니다. 자기의 심판거리를 자기가 장만하고 있으면서도 자기가 그것을 모르고 있습니다. 왜, 그런 바보스러운 일을 합니까? 그런다고 해서 하나님이 내 편이 되어 주십니까? 결코 내 편이 되어 주시지 않습니다. 하나님은 미워하는 내 편에 계시지 않습니다.

하나님을 내가 모시고 살려고 한다면 "너는 나를 미워해라. 나는 너에게 사랑의 대포를 쏜다"고 해야 할 것입니다. 그러므로 그 사람이 나를 사랑하든 말든 나는 그 사람을 사랑하면 됩니다. 그 사람이 나를 사랑하면 나도 그 사람을 사랑하고, 그 사람이 나를 사랑하지 않으면 나도 그 사람을 사랑하지 않는 이 정도는 세상 사람도 그렇게는 할 줄 안다고 했습니다. 하나님께서 우리에게

면류관으로의 초대

“너는 그런 사람을 미워하라”는 말씀을 하신 적이 없습니다. 사람을 사랑해야 할 의무밖에는 우리에게는 없습니다.

그러면 사람을 사랑하면 내게 어떤 유익이 옵니까?

우리는 성경도 많이 읽고 설교도 많이 들었기 때문에 사랑하려고 애를 많이 써 보았습니다. 그러나 계속 지속은 못합니다. 우리가 사랑을 계속 지속하려면 먼저는 내가 예수님의 사랑을 받은 자가 되어야 합니다. 예수님의 사랑을 먹은 자가 되어야 합니다.

예수님의 사랑이 내 자체화되고 인격화되고 실상화되어 자원적으로 사랑이 나와야 되지, 명령에 의해 억압되어 억지로 사랑하려고 하면 한 달을 못갑니다. 설교를 들을 때에는 ‘나도 사랑해야지’ 해놓고는 한 달이 무엇입니까? 한 달도 못가서 그 사랑이 깨져 버립니다.

그러므로 사랑을 하려면 예수님의 사랑이 내 자체화되고 인격화되고 실상화되어서 내가 예수님의 사랑에 녹아져야 형제를 사랑하게 되는 것입니다.

형제를 사랑하는 사람이 되려고 하면 내게 어떤 유익이 있습니까?

첫째, 예수님의 사랑에 녹아지는 사람이 되는 유익, 즉 예수님의 사람이 자기 자체화, 인격화, 실상화되는 그 유익이 있습니다.

둘째, 하나님의 아가페 사랑의 부요자가 됩니다.

셋째, 사람을 사랑하다 보니까 형제를 얻는 유익이 내게 옵니다.

넷째, 너는 나를 사랑하지 않으나 나는 너를 사랑하니 하나님의

소망의 면류관

사랑을 내가 독점하는 사람이 되고 하나님이 내 편이 됩니다.

　이처럼 내게 유익밖에는 없습니다. 그러므로 내가 형제를 사랑해서 내가 손해보는 것은 하나도 없고, 내가 형제를 미워해서 내게 덕되는 것이 아무 것도 없다는 것을 알아야 됩니다.
　그러므로 우리 성도들은 돈을 사랑하는 것보다 형제를 사랑하고 사람을 사랑할 줄 알아야 합니다. 사랑도 임시적인 고깃덩어리 육적인 사랑으로 하지 말고, 깊은 사랑을 해서 그 사람을 길러주고 성장시켜 주고, 내가 좀 먹지 못하고 어렵게 살더라도 사랑으로써 상대해 주면 사랑이 계속 나옵니다. 이렇게 사랑이 나와서 사랑할 때에 소망의 면류관을 주신다고 했습니다.
　이렇게 내가 하나님의 백성, 하나님의 자녀들을 사랑하는 것으로만 일생 동안 살아왔습니다. 나는 다른 것은 아무 것도 없습니다. 세상에서 돈도 없고, 자녀 교육시켜 놓은 것도 없고, 세상의 부귀 공명이라는 것은 아무 것도 없습니다. 내게 남은 것이 있다고 하면 사람을 사랑해 놓은 것밖에 없습니다. 오직 내게는 사랑의 빚을 준 것밖에 없는데, 내 사랑을 받고 자라난 사람이 이 세상에서는 안보인다 할지라도 그 사람이 영원히 없어지는 것이 아니라 그 사람을 언젠가는 만나게 됩니다. 우리 믿는 성도들은 조급하면 못씁니다. 느긋해야 합니다.
　노아가 120년 후에 홍수가 있을 것을 대비해서 방주를 지은 것처럼, 아브라함이 100세가 되도록 하나님께서 자손을 하늘의 별과 같이 많게 해주시겠다는 약속을 믿고 기다렸던 것처럼.
　아브라함은 하나님께서 자기 당대에 그 약속을 이루어 주지 않아도 죽음의 선에 도달하면서도 하나님이 나를 기만하셨다 하

면류관으로의 초대

지 않았습니다. 아브라함의 아들 가운데 하나님께 인정받는 아들은 이삭 하나뿐이요, 이삭 밑에는 아들 둘뿐이었습니다. 그러나 아브라함이 죽을 때에 하나님을 불신하고 죽은 것이 아니라 히브리서에 보니 하나님을 믿고 죽었다고 했습니다.

이와 같이 느긋해야 합니다. 내가 한 사람을 사랑했습니다. 내가 그 사람을 10년을 사랑했는데 너는 왜 내 사랑을 몰라 주느냐? 10년 동안 사랑해 봤자 아무런 소용이 없구나. 네가 나를 몰라주니 이제는 그만 사랑하겠다. 그렇게 생각하면 안됩니다. 10년이 지나도 좋습니다. 100년이 지나도 좋습니다.

그런데 100년 지난 후에 너도 천국가고 나도 천국 가서 보니 그때 가서는 알게 되는 것입니다. 그 때에는 내가 세상에 있을 때 나는 당신을 미워했는데 당신은 나를 그렇게도 사랑했습니까? 나와 당신과는 하등의 상관없는 처지였는데 나를 그렇게도 사랑해 주셨습니까?

그때 가서는 참된 열매를 따먹게 되는 것입니다. 내가 사랑으로만 심어 놓으면 천국에 가서는 영원토록 그 열매를 따먹습니다.

이것을 소망이라고 말합니다. 그래서 소망의 면류관이라고 했습니다. 왜 소망이라고 하지 않고 소망의 면류관이라고 했습니까? 미래의 기쁨을 바라보는 그 기쁨, 그 즐거움, 그 만족, 그것이 다 나의 영광이라는 말입니다.

바울은 데살로니가 교회 성도들이 바울을 알아주든 몰라주든 상관하지 않고 데살로니가 교인들을 심히 사랑했습니다. 바울이 데살로니가 성도들을 사랑할 때 그 당시에는 몰라줘도 괜찮았습니다. 알아주지 않아도 좋았습니다. 대우를 안해 주어도 좋았습니

소망의 면류관

다. 그의 강림하실 때에 우리 주 예수 앞에 너희가 나의 소망의 면류관이 아니냐 하는 그 말입니다.

그러니까 우리가 이 세상에서 사랑을 받으려고만 하지 말고 사랑만 해 놓으면 됩니다. 그런데 우리는 사랑을 받으려고만 하지 사랑을 주는 데에는 인색합니다. 이제는 사랑을 주는 데 인색한 사람으로 살지 말고, 받으려고만 하는 사람이 되지 말고, 왜 나를 사랑해 주지 않느냐 하는 사람이 되지 말고, 이제는 내가 사랑을 주는 사람으로 살자는 말입니다.

남의 나라 원조를 받는 나라가 복된 나라입니까, 남의 나라에 원조를 많이 해주는 나라가 복된 나라입니까? 원조를 해 주는 나라가 복된 나라입니다. 그러면 남을 많이 사랑해 주는 사람이 복된 사람입니까, 사랑을 받으려고 하는 사람이 복된 사람입니까, 사랑을 주는 사람이 복된 사람입니다.

여러분은 복된 사람으로 살고 싶습니까, 복되지 못한 사람으로 살고 싶습니까? 복된 사람으로 살고 싶다면 어떻게 해야 됩니까? 이제는 어떻게 할 것입니까? 사랑을 받기를 원하는 사람으로 계속 살렵니까? 이제부터 다른 사람을 사랑하는 사람으로 살렵니까?

나를 사랑해 주는 사람만 사랑하는 것이 아니라, 나를 밤가시처럼 찌르는 사람도, 원수까지도 사랑하는 사람으로 삽시다! 사랑을 한두 달 정도 하다가 아무 표시가 없으면 그만 포기해야 될까요? 내 생명이 다하기까지 나는 그에게 자꾸 사랑만 주어 놓으면 그것이 곧 소망의 면류관입니다.

여러분!

면류관으로의 초대

사랑을 심을 데가 얼마나 많습니까? 사랑을 주는 교회가 되면 그 교회는 부흥합니다. 그런데 그저 우리는 잘못되어서 자꾸 사랑을 받으려고만 하니 문제입니다. "누구는 나를 사랑해 주지 않는다" 하지 말고, 먼저 사랑을 주는 사람이 이기는 사람입니다. 먼저 사랑하는 사람이 부요한 사람입니다. 먼저 사랑하는 사람이 승리하는 사람입니다.

이런 사람에게 소망의 면류관이 분명히 있다는 것을 알아야 됩니다. 그래서 여러분 모두가 다 이 소망의 면류관을 가지는 사람들이 되시기를 바랍니다.

소망의 면류관

4

기쁨의 면류관

“이러므로 우리가 하나님께 쉬지 않고 감사함은 너희가 우리에게 들은 바 하나님의 말씀을 받을 때에 사람의 말로 아니하고 하나님의 말씀으로 받음이니 진실로 그러하다 이 말씀이 또한 너희 믿는 자 속에서 역사하느니라 형제들아 너희가 그리스도 예수 안에서 유대에 있는 하나님의 교회들을 본받은 자 되었으니 저희가 유대인들에게 고난을 받음과 같이 너희도 너희 나라 사람들에게 동일한 것을 받았느니라 유대인은 주 예수와 선지자들을 죽이고 우리를 쫓아내고 하나님을 기쁘시게 아니하고 모든 사람에게 대적이 되어 우리가 이방인에게 말하여 구원 얻게 함을 저희가 금하여 자기 죄를 항상 채우매 노하심이 끝까지 저희에게 임하였느니라 형제들아 우리가 잠시 너희를 떠난 것은 얼굴이요 마음은 아니니 너희 얼굴 보기를 열정으로 더욱 힘썼노라 그러므로 나 바울은 한 번 두 번 너희에게 가고자 하였으나 사단이 우리를 막았도다 우리의 소망이나 기쁨이나 자랑의 면류관이 무엇이냐 그의 강림하실 때 우리 주 예수 앞에 너희가 아니냐 너희는 우리의 영광이요 기쁨이니라.”

데살로니가전서 2 : 13-20

이 시간에는 기쁨의 면류관에 대해서 말씀을 드리고자 합니다. 15절에 보면 "유대인은 주 예수와 선지자들을 죽이고 우리를 쫓아내고 하나님을 기쁘시게 아니하고"라고 했습니다.

유대인들은 하나님을 섬기는 사람들입니다. 유대인들은 그래도 자기들 나름대로는 하나님을 열심히 섬기고 잘 믿는다고 했습니다.

그러나 자기 주관적으로는 하나님을 잘 믿는다고 했지만 사실은 바른 신앙 생활이 되지 못했습니다.

그러면 믿는다는 것이 무엇입니까? 우리는 흔히 "예수를 믿는다" 또는 "잘 믿어야지" 그렇게 말들을 합니다. 그저 그냥 도매금으로 막연하게 신앙이 좋다 또는 잘 믿는다고 말을 합니다. 우리가 이렇게 해서는 제2, 제3의 유대인이 되기 쉽습니다.

그러면 어떻게 해야 잘 믿는 것입니까? 물론 우리가 하나님을 잘 믿으려면, '어떻게 해야 내가 하나님을 좀 기쁘시게 해드리고 살까?' 하는 연구를 해야 되겠지요.

그런데 대개는 보면 '어떻게 하면 내가 하나님을 기쁘시게 해드릴까?' 하는 마음보다는 썩을 면류관을 얻고자 하는 그 자가 내 속에 있기 때문에 '어떻게 하면 내가 좀더 기쁘게 살까?'를

기쁨의 면류관

생각합니다. '어떻게 하면 내가 좀더 만족하게 살까' 하는 그 마음이 우리 속에서 앞섭니다.

우리 예수 믿는 사람들을 가만히 보면 여러 층의 신자들을 볼 수 있습니다. '어떤 종교를 믿어야 내게 불행이 없고 늘 행복만 유지되겠는가?' 어떻게 해야 불안과 고통이 없이 언제나 기쁨만 유지되겠는가?' '어떻게 하면 내가 좀 기쁘게 살까?' 하는 층이 있는가 하면, 이런 마음보다는 '나는 좀 고생이 되더라도 짧은 내 한 평생 하나님을 기쁘시게 해 드리고 살아야 되겠다'는 마음을 가진 계층도 있습니다.

일구월심, 불철주야, 노심초사, 분초찰라 계속 내 속에 하나님을 기쁘시게 해드리면서 살려는 이 마음이 항상 깔려 있으면 얼마나 하나님이 기뻐하시겠습니까? 그렇다면 다행이지요.

그러면 왜 우리 인간이 하나님을 기쁘시게 해 드리며 살아야 될까요? 그 이유는 크게 두 가지로 나눌 수 있습니다. 첫째로는, 하나님으로부터 큰 은혜와 축복을 받았으니 감사 감격해서 그분을 기쁘시게 해드려야 마땅하고, 둘째로는 내가 하나님을 기쁘시게 해 드리면 기쁘시게 해 드린 것만큼 그 기쁨이 내게로 돌아오게 하시기 때문입니다.

이것이 곧 기쁨의 면류관입니다. 어느 면을 봐서라도 우리는 하나님을 섭섭하게 해드리면 안되고 그분을 기쁘시게 해 드려야 합니다. 나의 영원한 장래와 나의 영원한 미래를 생각할 때 하나님을 기쁘시게 해드리는 것보다 더 지혜로운 삶이 없습니다.

그러면 이 세상에서 가장 못나고 가장 어리석고 가장 미련한

면류관으로의 초대

사람은 어떤 사람입니까? 현존 세상에 살면서 자기가 자기를 기쁘게 하고자 하는 마음을 가지고 사는 사람입니다. 어떻게 하면 내가 좀 기쁘게 될까? 어떻게 하면 내가 나를 좀더 행복하게 할까?

자기의 능력으로 자기를 행복하고 기쁘고 만족하게 할 그런 실력이 없을 때에는 무한한 능력을 가지신 하나님 앞에 간구합니다.

"주여, 현재 내가 불행하오니 불행한 나를 행복하게 해주시옵소서. 내가 지금 근심 걱정 고통이 많사오니 주님이 십자가를 한 번 더 지는 한이 있더라도 나를 좀 편안하게 해주시옵소서."

이런 성도들이 있을 수 있습니다. 우리의 신앙 생활에 있어 외형상 껍데기만 몇 가지 고치려고 하지 말고, 껍데기는 차차 고치더라도 먼저 근본적인 마음을 고쳐야 합니다. 근본 정신을 고쳐야 합니다. 근본적인 사상을 고쳐야 합니다.

몸에 종기가 났는데 종기를 아물게 하기 위하여 겉에 약만 바르면 근본 치료가 되지 않고 언젠가는 곪아 터집니다. 근본적인 치료를 해야 온전한 치료가 됩니다.

우리의 신앙 생활도 그렇습니다. 남이 보기에는 열심으로 신앙 생활을 하는 것 같은데 하나님을 사랑하는 마음이 없다면 문제가 됩니다. 하나님을 사랑하는 마음이 있어야 신앙이 든든해지지, 하나님을 사랑하는 마음이 없는 가견적인 신앙의 활동성 그것만 가지고는 안심하지 못합니다.

이것은 교역자들에게도 해당되는 문제입니다. 그저 설교로 임시적으로 마음에 충격이나 주고 마음에 감화를 일으켜서 교회에 열심히 일하게 하는 것보다는, 그 성도를 붙잡고 부족한 점을 보

기쁨의 면류관

충시켜 주고 가르치고 길러내면, 그때 가서는 그 성도에게 "무엇을 하라, 하지 말라"고 하지 않아도 그리스도를 알게 되니까 스스로 자원하여 주님을 사랑하는 마음이 생겨 믿음 생활을 잘 하게됩니다. 충성하고 봉사하게 되는 것입니다. 여기에서 올바른 성도가 나게 됩니다. 올바른 하나님의 사람들이 나게 되는 것입니다.

그러면 우리가 왜 하나님을 기쁘시게 해야 되는가? 당연히 우리는 하나님을 기쁘시게 해야 됩니다. 내가 할 일을 당연히 했는데도 하나님께서는 기쁨의 면류관을 주십니다. 이처럼 하나님의 은혜는 놀랍습니다.

하나님 우리 아버지께서는 우리를 중생시켜 놓으시고 그것으로 끝내지 않으시고 계속적으로 우리를 길러 주시려고 애를 쓰십니다. 그리스도의 장성한 분량에까지 성장시켜 주시려고 애를 쓰십니다. 또 온전하고 구비하여 조금도 부족함이 없는 자가 되게 하시기 위해서 지금도 애를 쓰시는 하나님이심을 우리가 알아야 됩니다.

하나님께서 우리에게 예수 그리스도의 구속을 입혀서 중생시키는 것을 기본 구원이라고 말합니다. 또 우리가 진리의 말씀에 순종해서 날마다 우리의 신앙 생활을 통하여 자라가는 것을 영의 성장이라고 말합니다. 다시 말하면 내 속 사람, 중생한 속 사람이 그리스도의 장성한 분량에 이르기까지 성장해 나가는 것을 영적 성장이라고 말합니다. 즉 내 이성과 지성과 감성 등의 온 마음이 성화를 입어 나가는 성화의 과정을 말합니다.

그러면 왜 이런 것이 필요합니까? 하나님께서는 왜 굳이 이렇게 해주시려고 합니까? 장차 우리가 갈 하늘나라 천국은 하

면류관으로의 초대

나님의 사랑이 지극히 넓고 깊고 진하고 강하지만 영적 성장과 이성과 몸의 성화가 빈약하면 하늘나라를 누리고 느끼지 못하기 때문입니다.

그러니까 하늘나라를 하늘나라만큼 누리고 느끼게 하기 위해서는 우리의 영적 성장과 이성과 몸의 성화를 입어야 된다는 말입니다. 성경 66권에 말씀을 그렇게 하셨습니다. 그저 우리가 천국 가는 것으로만 끝나서는 안됩니다.

그렇기 때문에 우리가 천국에 가서도 이 세상에서와 같이 그 천국이 무궁한 것을 무한히 누릴 줄 알고 느낄 줄 아는 이런 실력자가 되어야 된다는 말입니다.

우리 중에 천국에 가기만 하면 다인 줄 생각하는 사람이 있다고 하면 그 사람은 나중에 크게 후회할 수밖에 없을 것입니다. 그러니까 우리는 이 세상에 있는 동안에 부지런히 영적 성장을 하고 이성과 몸의 성화를 이루어 나아가야 합니다.

우리에게는 부모님이 계십니다. 우리는 그 부모님의 한 자식으로서 부모가 자식을 사랑하는 그 사랑의 강도를 백 퍼센트 느낄 수 있을까요? 느끼지 못할 때가 더 많습니다.

그러면 언제쯤이면 조금씩 느낄 수 있을까요? 열 살이면 느낄 수 있습니까? 스무 살이면 느낄 수 있습니까? 아닙니다. 우리가 결혼을 해서 자식을 낳고 그 자식을 길러 나가면서 부모의 사랑을 느껴 가는 것입니다. 그러므로 사십대, 오십대, 육십대에 가면 부모님의 사랑을 더 많이 느낄 수 있습니다.

이와 같이 천국도, 중생은 했지만 영적 성장과 이성과 몸의 성화를 입은 것이 없다면 어린아이와 같습니다. 이 말은 어린아이로 천국간다는 말이 아니고 영이 어린아이와 같다는 말입니다. 그런

기쁨의 면류관

데, 우리의 영이 성장하지 못해서 어린아이와 같은 상태로 천국 간다고 하면 하나님께서 그 사람에게 사랑을 주어도 느낄 줄을 모릅니다. 아무리 사랑을 해 줘도 자기가 어리니까 그 사랑을 받아 느끼고 누리지를 못합니다. 그렇게 되면 천국이 무슨 맛이 있겠습니까?

우리가 신앙 생활을 해도 영이 어린아이와 같다면 곤란합니다. 신앙의 연조만 오래되면 "성장하겠지" 하고 기대한다면 천만의 말씀입니다. 신앙의 연조가 아무리 많아도 자기의 영은 자기가 별도로 길러야 합니다. 진리의 양식을 먹고 길러야 됩니다. 길러야 영이 자랍니다. 그렇게 되어야 하나님의 사랑을 백 퍼센트 느낄 수 있는 사람이 됩니다.

그렇다면, 하나님께서 우리를 이토록 사랑해 주셨으니 나도 하나님을 기쁘시게 해드려야지 하고 하나님을 기쁘시게 해드리면, 하나님 당신께서만 기뻐하시려고 그러신 것입니까? 아니면 나를 천국에 데려가서 영원토록 기쁘고 만족하게 해주시려고 그렇게 하시는 것입니까?

다시 말씀을 드리겠습니다. 하나님께서 내게 어떤 환경과 사건을 주시면서 내 영적인 성장과 이성과 몸의 성화를 입혀서 영적 성장을 시켜주려고 애를 쓰시는 것은 하나님 당신이 기뻐하시려고 하신 것입니까?

예, 그렇습니다. 하나님 당신이 기뻐하시려고 그런 것이 아니라 나를 기쁘게 해 주시려고 그렇게 하신 것입니다.

우리 인간에게는 3대 특수성이 있다고 했습니다. 하나님으로 더불어 기뻐하고 만족하는 것이 있고, 무궁 세계를 누리며 만족

면류관으로의 초대

하는 기쁨이 있고, 또 자연계에 있으면서 자연을 다스리면서 기뻐하고 즐거워하고 만족하는 것이 있다고 했습니다.

그런데 우리가 하나님의 뜻에 적중만 되면 이 3대 특수성을 다 발휘할 수 있습니다. 그러므로 결과적으로 나를 좋게 해주시기 위해서, 나를 잘되게 해주시기 위해서, 나를 기쁘게 해주시기 위해서, 나를 행복하게 해주시기 위해서, 나를 만족하게 해주시기 위해서 이렇게 하신 하나님이심을 우리가 알아야 합니다.

하나님은 어떻게 해서든지 날 좋게 해주시려고 애쓰시는 분이십니다. 부모님들이 자녀들에게 "공부해라, 공부해라" 하다가 자녀들이 말을 듣지 않으면 속이 상해서 "너 위해서 공부하라고 하는 것이지 나 행복하게 하려고 공부하라고 하냐?"고 말합니다.

그러면 부모님의 기쁨이 무엇일까요? 그 자식이 잘 자라서 훌륭하게 되는 것을 보면 기뻐합니다. 성공은 자식이 했는데 기쁘기는 부모가 기쁩니다. 행복하기는 자식이 행복한데 기쁘기는 부모가 기쁩니다. 이와 같이 하나님께서도 우리를 기쁘게 해주시기 위해서 온갖 일을 다 하신다는 것을 우리가 알아야 합니다.

지금 이 시간에도 하나님께서는 우리에게 오셔서 이런 사건 저런 사건, 이런 방편 저런 방편, 이런 환경 저런 환경을 교체시켜 주시는데, 이런 모든 것들이 결국 우리를 기쁘게 해주시기 위해서, 우리에게 면류관을 주시기 위해서 이렇게 하신다는 것을 우리는 알아야 합니다. 그러니 하나님의 은혜를 입은 것이 얼마나 큽니까?

그러므로 우리로서는 하나님을 기쁘시게 해드리면서 사는 것이 당연합니다. 우리가 주님께서 내게 대해 베푸신 은혜와 사랑과 그 역사하심을 깊이 깨달았을 때, 그 때에 비로소 자원하여 하나님을

기쁨의 면류관

기쁘시게 해드려야겠다는 마음을 가지게 됩니다. 이와 같이 우리
는 주님께서 내게 베푸신 은혜와 사랑에 감사 감격해서 하나님을
기쁘시게 해 드려야 합니다.

그 다음에, 우리는 영원히 불안, 공포, 근심, 걱정, 고통, 불만,
마찰, 충돌, 대립 등 이런 것을 계속 지속하면서 살기보다는 영
원히 내가 기뻐하며 행복과 만족을 느끼며 사는 것이 더 좋습니
다.

그렇다면 내가 가장 기뻐할 수 있는 길, 영원히 내가 기뻐할 수
있는 지름길이 무엇입니까? 하나님을 기쁘시게 해드림으로써
내가 기뻐지는 것입니다. 내가 기쁜 자기로, 즐거운 자기로, 만족
한 자기로, 행복한 자기로 영원히 살고 싶으면 이 세상에 있을
동안에 하나님을 기쁘시게 해드리면 됩니다.

하나님을 기쁘시게 해드리는 그 기쁨이 나를 기쁘게 해주는
것입니다.

그런데 우리의 지식이 전부 거꾸로 되어서, 하나님은 어떻게
되시든 자기만 기뻐하려고 하고, 자기만 만족하려고 하며, 이렇게
자기만 의식하고 살려고 합니다. 그저 부모님을 기쁘게 해 드리면
내가 더 좋아지는 이런 이치를 아무리 보여주어도 사람들은 잘
깨닫지를 못합니다. 우리가 이 세상에서 하나님을 기쁘시게 해드
리면 하나님께서도 나를 기쁘게 해주십니다. 오늘 우리가 이것을
믿지 못하고, 그저 나만 등 따스하고 배부르면 되는 줄 알고 있
습니다. 우리는 바로 깨달아야 합니다.

우리가 하나님을 기쁘시게 해드리는 이유는 두 가지라고 했습
니다.

첫째는, 만세 전에 나를 당신의 자녀로 택하셔서 이 세상에 보

면류관으로의 초대

내주시고, 예수 그리스도의 대속의 은혜로 구원해 주시면서 나를 좋게 해주시기 위해서 그토록 애쓰시는 하나님이시기 때문에, 이 하나님을 바로 깨달아 하나님을 기쁘시게 해드려야 합니다.

둘째로는, 내가 하나님을 기쁘시게 해드림으로 말미암아 내가 영원히 기뻐지고 즐거워지고 행복해지는 이치 때문입니다. 이와 반대로 내가 하나님께 근심을 끼쳐 드리고 하나님의 걱정거리가 되면 결국은 그것이 내 근심거리요, 내 걱정거리요, 내 심판거리가 되고 맙니다.

하나님의 자녀들을 사랑하는 사람은 소망의 면류관을 받는다고 했습니다. 우리가 하나님을 기쁘시게 해드리면 기쁨의 면류관을 받게 됩니다. 그러나 하나님을 대적하며 욕을 돌리는 이런 사람은 자기에게 그 고통이 돌아갑니다.

특별히 여러분들이 신앙 생활을 하면서 조심할 것이 있습니다. 하나님의 종들을 가슴 아프게 하지 마십시오! 이렇게 말씀을 드리는 것은 하나님의 종들을 보호하고자 함이 아니라 성도 여러분들을 보호하기 위해서입니다.

주의 종이라고 하면 주님의 종이지 사람의 종이 아닙니다. 주의 종은 주님 당신이 처리하십니다. 내가 들어서 처리 하려고 하지 마십시오! 주의 종이 잘못한 것이 있으면 바르게 해 달라고 기도할 수는 있습니다.

사울이 다윗을 죽이려고 삼사천 명의 군대를 동원해서 따라다녔지만 다윗은 주님께서 세우신 사람을 치지 않았습니다. 하나님의 종이니 하나님께서 처리하실 것이라고 했습니다. 그러니까 하나님께서 이를 기뻐하셨습니다.

기쁨의 면류관

주의 종이 잘못한 것이 보이면 교회에 나와서 울면서 "주여! 우리의 양식줄이 끊어졌사오니 우리에게 양식을 공급해 주시옵소서. 주의 종을 바로 세워 주시옵소서." 그저 식음을 전폐하고 매달려 기도합시다.

그런데 문제는, 하나님의 종에 대하여 미워하는 마음을 가지고 기도하면 하나님께서 응답하시지 않는다는 것입니다. 하나님의 종을 사랑하고 존경하는 마음은 변치 말고, 잘못된 것을 보고 기도해야 합니다.

성도가 그렇게 간구할 때 하나님께서는 주의 종을 깨닫게 하십니다. 그래서 주의 종이 산에 가서 기도하기도 하고, 설교 준비를 잘하여 신령한 생수가 폭포수처럼 강단에서 쏟아집니다. 이렇게 되면 얼마나 좋습니까! 결코 주의 종을 대적해서는 안됩니다.

그 다음에 우리가 생각할 것은, 준법 생활을 잘하면서 그저 계명만 철저히 지키는 신앙 생활은 소극적인 신앙 생활이라는 것입니다.

"하나님이여! 당신은 자존자이고 나는 피조물이고, 당신은 입법자이고 나는 준법자니, 당신이 법을 세워놓고 인간에게 지키라 하셨으니, 당신은 강자요 나는 약자이므로 법을 지켰습니다. 나는 성경이 하라는 대로 십일조도 바쳤습니다. 주일 성수도 했습니다. 무엇 무엇도 했습니다."

만약 누가 이런 식으로 한다고 하면 이것은 법적인 신앙 생활입니다. 하나님께서는 이런 것을 원치 않으십니다.

그 다음 또, 어떤 사람은 하나님의 이름을 빙자해서 자기가 호강을 하려고 하는 사람이 있는데 이것도 폐단입니다. 땅을 파자니 힘이 없고, 빌어먹자니 부끄럽고, 취직하자니 기술도 없고 해서, 신학교에 가서 목사나 되어서 식생활이나 해결하자는 생각에서 예수의 이름을 장사하러 다니는 사람이 있습니다.

그러나 예수님은 속지 않으십니다. 가룟 유다에게 예수님께서 속으신 것 같았지만 속지 않았습니다. 마태복음 18장에 보면 예수님께서 가룟 유다에게 "네 할 일을 하라"고 하셨습니다. 가룟 유다는 비밀리에 그 일을 시작했지만, 예수님께서는 그의 시작부터 이미 알고 계셨습니다. 이와 같이, 우리 인간은 속아 넘어갈 수 있지만 예수님께서는 결코 속아 넘어가지 않습니다.

우리가 조심해야 할 것은 예수를 팔아 생계를 유지하려고 하는 이런 잘못된 생각입니다. 이런 생각은 없어져야 합니다. 예수 이름을 팔아서 자기 호화를 누리고자 하는 이것 조심해야 합니다. 이런 데에는 헌금을 한 푼이라도 해서는 안됩니다. 교인이 많든 적든 상관 없습니다. 교인이 만 명쯤 되면 호화판을 누려야 됩니까?

검소하게 사는 면에서는 영락교회의 한경직 목사님을 존경합니다. 옷을 두세 벌 이상을 갖지 않는다고 합니다. 옷이 있으면 없는 사람에게 다 준다고 합니다. 또 교회에서 노후를 위해서 집을 사준 것이 있는데, 그것까지 부목사에게 인계해 주고 신학교에 계신다고 합니다. 신앙 노선이나 다른 면은 몰라도 한국 장로교회의 얼굴이라 일컫는 그 대표적인 분이 교회에 계시면서도 검소한 믿음 생활을 하십니다.

그런데 어떤 목회자들을 보면 초호화판으로 누리는 분들도 계

기쁨의 면류관

십니다. 그 누림성이 우리 속에 있기 때문에 흔히들 "교회도 커지고 교회의 경제도 높아졌으니까 교회의 수입에 따라 목사의 봉급도 올려야지"라고 말합니다.

천만의 말씀입니다. 교회가 무슨 영업 기관입니까? 교회가 무슨 사업 단체입니까? 교회는 구령 운동하는 곳입니다. 교회는 하나님의 자녀들을 양육시켜 내는 곳입니다. 그렇기 때문에 교회 헌금이 한 주일에 천만원이 들어왔다고 해도 목사의 봉급과는 하등의 상관이 없습니다.

목사님들은 가난해서 죄짓는 것보다 돈이 많아서 죄짓는 경우가 훨씬 더 많습니다. 사울이 왕이 안 되었더라면 그런 죄는 안 지었을 것입니다. 지금 전체 교회가 그렇게 잘못되어 가고 있습니다. 처음에 개척할 때에는 생활비가 적었는데 교회가 커질수록 생활비가 올라갑니다. 그러나 생활할 정도면 됩니다.

물론 교훈으로 말하면 우리가 아는 대로 나팔은 불 수가 있습니다. 나팔은 불 수 있는데, 벌써 이 세상에서 누리고자 하는 그것은 천국과는 상관이 없는 사람입니다.

그리고, 이것은 분명히 하나 알고 넘어가야 합니다.

교회의 헌금이 적게 나온다고 해서 목사가 굶어 죽는 경우는 없습니다. 하나님께서 다 먹여 살리십니다. 교회에서 목사님의 생활을 제대로 감당하지 못하면 마치 까마귀를 통해서 엘리야를 먹여 살리셨듯이 먹여 살리십니다. 그것을 믿으십시오! 그때 당시 엘리야에게 먹을 것을 갖다 준 까마귀는 죽고 없습니다. 그러나 그 까마귀에게 심부름을 시키신 그 하나님은 지금도 살아 계십니다. 그 하나님은 바뀌지 않았습니다.

또 교회의 재정이 남아 돈다고 해서 교역자의 봉급이 올라가는

면류관으로의 초대

것도 문제입니다. 교역자의 생활이 그 교회 수준을 보아서 이 정도면 생활할 수 있겠다고 하면 그 정도에서 만족하면 됩니다. 그래서 그 목사님 자신이나 그 교역자의 가정이나 경제에 있어서 낭비하는 죄를 짓지 않도록 확정지어야 합니다.

그 이유는 인간이라 약하기 때문입니다. 아무리 자기가 경제 절약을 한다고 하지만 약하기 때문에 있으면 한 푼이라도 더 쓰게 되는 것입니다. 그러므로 생활비는 형편대로 적당하면 되고, 교회로서는 목사님의 목회 활동을 위해서 목회비를 드리면 됩니다. 목사가 너무 돈이 없어도 안됩니다. 그래서 목회비는 가난한 사람들이나 제자들이 찾아 왔을 때, 혹은 문병을 갈 때, 군대에서 휴가를 나와 인사드리러 올 때 등에 쓸 수 있도록 해 드리는 것입니다.

목사의 가정에서 쓰여지는 돈은 그냥 돈이 아닙니다. 분명히 돈은 돈이지만 같은 돈이 아닙니다. 그것은 성도들의 피와 땀과 눈물입니다. 그 피와 땀과 눈물을 가지고 낭비하면 안됩니다.

어떤 교회든, 그 교회에는 잘 사는 교인들도 있지만 가난한 교인들도 있습니다. 가난하게 돈을 벌어서 바친 십일조와 헌금은 돈이 아니라 피와 땀과 눈물을 바친 것입니다. 교회 헌금의 몇분의 일 중에는 가난한 자의 헌금이 포함되어 있습니다. 그것을 낭비하면 안됩니다.

그러므로 예수님의 이름을 팔아서 자기의 호강을 누리고자 하는 이 마음은 철저히 뿌리를 뽑아야 합니다. 만약 그런 마음이 아직도 있다면 지금이라고 당장 목회를 그만두고 세상 길로 나가야 합니다.

"나는 죽든지 살든지 내 목숨이 끊어질 때까지, 내 맥박이 정

기쁨의 면류관

지될 때까지, 내 혈관에서 피가 말라붙을 때까지 주님을 기쁘시게 해드리는 이 일만은 누구에게도 양보할 수 없다. 이 일만은 누구에게도 빼앗길 수 없다. 이 일만은 내가 스스로 버릴 수 없다.”

이렇게 스스로 다짐하고 나아가야 할 것입니다. 그래서 하나님을 기쁘시게 해드리는 일을 적극적으로 추진시켜 나아가야 됩니다.

‘어떻게 하면 내가 하나님을 기쁘시게 해 드릴까? 나는 희생의 제물이 되더라도 하나님이 기뻐하신다면, 나는 출세를 못하고 성공을 못하고 부귀 공명을 누리지 못한다 할지라도 하나님만 기쁘시게 해드리면 나는 족하다’고 하는 이런 적극적인 신앙을 가져야 됩니다.

그러면 목사들만 이런 마음을 가져야 됩니까? 모든 성도가 다 이런 마음을 가지고 신앙 생활을 해야 됩니다. 목사가 갈 천국이 따로 있고 성도들이 가야 할 천국이 따로 있는 것 아닙니다. 이 직책과 직분은 세상의 조직 교회에서만 필요한 것입니다. 천국은 똑같은 천국입니다.

한 아버지의 자녀요, 한 피 받아 구속되었고, 한 생명으로 중생함을 얻었고, 한 천국에 갈 우리들이니, 우리 모든 성도들은 이 세상에서 사는 동안에 ‘예수의 능력으로 어떻게 하면 내가 편하게 살다 갈까?’ 하는 이런 얄팍한 마음은 다 뽑아 버리십시다!

편안하게 살다 간다고 해서 좋을 것도 없습니다. ‘어떻게 하면 내가 좀더 편안하게 살다 갈까? 어떻게 하면 부귀 공명을 누리다가 갈까? 어떻게 하면 내가 대우받고 존귀받고 영광받고 살까?’ 하는 이런 마음은 근본적으로 바꿔 버리고, 이제는 적극적

면류관으로의 초대

으로 '내가 어떻게 하면 하나님을 기쁘시게 해드리고 살까? 하나님을 기쁘시게 해드리기 위해서는 내 경제, 내 몸, 내 목숨도 아끼지 않고 내 수고와 고통도 아끼지 않고, 나는 하나님을 기쁘시게 해드리다가 가겠노라!' 하는 이런 마음을 가지고 나아가야 되겠습니다. 이 마음을 가지고 나아갈 때 자기도 기뻐집니다.

예수님이 시몬의 집에 계실 때에 막달라 마리아가 와서 예수님의 머리에 나드향을 붓고 발등에다 입을 맞춘 이것은 주님을 기쁘시게 해드리기 위해서 한 것입니까, 자기 좋으려고 한 것입니까? 주님 기쁘시게 해드리기 위해서 한 것입니다.

이 나드향은 헐값으로 살 수 있는 것이 아니고 고가를 주어야 살 수 있는 것입니다. 이는 자기의 전재산인지도 모릅니다. 자기의 전재산을 다 바쳐 나드향, 이것을 주님 앞에 바치고, 또 주님의 먼지 묻은 발, 시몬이 씻어드리지 않은 발등을 막달라 마리아는 자기의 눈물로 닦아드렸습니다.

이것은 인간이 보기에는 비난을 받을 만한 행동입니다. 그래서 시몬이 비난을 했습니다. 막달라 마리아도 자기가 그렇게 하면 비난받을 줄 몰라서 그렇게 한 것이 아니었습니다. 다 알고 한 것이었습니다. 그러나 주님을 기쁘시게 해드리기 위해서 한 것이었습니다.

마리아로서는 '나 같은 죄인을 사람들은 인간 대우도 안 해 주었지만 주님께서는 나를 인간 대우해 주셨으니 이 주님을 기쁘시게 해드려야지' 하면서 그렇게 했고, 그렇게 할 때 주님께서도 기뻐하시고 자기도 기뻤습니다. 향유를 부은 다음에도 마리아는 아까운 마음이 전혀 없었습니다. 아까울 리가 없습니다.

기쁨의 면류관

이와 같이 우리도 주님을 기쁘시게 해 드리는 이것을 생활의 신조로 삼고, 주님이 기뻐하시는 일이라면 나는 무엇이든지 다 할 수 있다는 자세로 살아야 하겠습니다. 어떤 것이라도 주님께서 포기하라고 하시면 포기하고, 주님께서 취소하라고 하시면 취소하고, 주님께서 버리라고 하시면 다 버리고, 죽는 길이라도 주님께서 기뻐하시는 일이라면 가겠다 하고 갈 때에, 주님께서는 우리에게 기쁨의 면류관을 씌워주십니다.

기쁨의 면류관을 씌워주신다는 말은 "네가 주님을 기쁘시게 해드린 것만큼 주님께서 너를 기쁘게 해주신다"는 말입니다. 내가 주님을 기쁘시게 해드린 것만큼 주님께서는 나를 기쁘게 해주시는 주님이신 것을 우리가 알아야 합니다. 나는 일시적으로 주님을 기쁘시게 해드렸지만, 주님께서는 나를 지금 이 세상에서부터 영원 미래에까지 기쁘게 해주신다는 것을 우리가 알아야 합니다.

바울이 이 도를 깨달았기 때문에 주님을 기쁘시게 해 드리기 위해서 그렇게도 노심초사 애쓰고 나갔던 것입니다. 그렇게 나갈 때에 주님께서는 어디서든지 바울을 기쁘게 해주셨습니다. 그래서 바울은 감옥에서도 기뻤습니다. 내가 금생에서도 내세에서도 참 기쁨의 절정에 이르는 길, 만족의 최고 절정에 이르는 길, 쾌락의 최고 절정에 이르는 지름길은 곧 주님을 기쁘시게 해 드리는 것입니다.

주님을 기쁘시게 해드리다 보니 어느새 나도 기쁨의 절정에 이르게 된다는 것을 성경은 우리에게 말씀하고 있습니다.

그러므로 우리가 우리 일생, 남은 여생을 어떻게 해서라도 주님을 기쁘시게 해 드리는 일이라면 모든 것을 아끼지 않고, 어떤

면류관으로의 초대

것도 마다하지 않고, 무엇이든지 포기하고…… 주님을 기쁘시게
해 드리는 일이라면 결코 남에게 양보하지 않고, 빼앗기지 않고
하겠노라 하는 이 마음을 가지고 살아 주님께서 주시는 기쁨의
면류관을 획득하시는 우리 모두가 되시기를 진심으로 바랍니다.

기쁨의 면류관

5

자랑의 면류관

<blockquote>

"이러므로 우리가 하나님께 쉬지 않고 감사함은 너희가 우리에게 들은 바 하나님의 말씀을 받을 때에 사람의 말로 아니하고 하나님의 말씀으로 받음이니 진실로 그러하다 이 말씀이 또한 너희 믿는 자 속에서 역사하느니라 형제들아 너희가 그리스도 예수 안에서 유대에 있는 하나님의 교회들을 본받은 자 되었으니 유대인들에게 고난을 받음과 같이 너희도 너희 나라 사람들에게 동일한 것을 받았느니라 유대인은 주 예수와 선지자들을 죽이고 우리를 쫓아내고 하나님을 기쁘시게 아니하고 모든 사람에게 대적이 되어 우리가 이방인에게 말하여 구원 얻게 함을 저희가 금하여 자기 죄를 항상 채우매 노하심이 끝까지 저희에게 임하였느니라 형제들아 우리가 잠시 너희를 떠난 것은 얼굴이요 마음이 아니니 너희 얼굴 보기를 열정으로 더욱 힘썼노라 그러므로 나 바울은 한 번 두 번 너희에게 가고자 하였으나 사단이 우리를 막았도다 우리의 소망이나 기쁨이나 자랑의 면류관이 무엇이냐 그의 강림하실 때 우리 주 예수 앞에 너희가 아니냐 너희는 우리의 영광이요 기쁨이니라." 데살로니아전서 2：13－20

</blockquote>

이 세상 일반 사람들, 또는 예수 그리스도를 만나보지 못한 사람들은 썩을 면류관을 얻기 위해서 노력합니다.

면류관은 두 가지로 나타나는데, 내적으로는 자기 스스로 기쁘고 즐겁고 만족하는 것을 말하고, 외적으로는 영광스럽고 존귀하고 남에게 자랑스럽고 돋보이는 것을 말합니다.

면류관은 많은 사람이 보아주면 좋습니다. 옷을 입는 것도 남을 의식하면서 옷을 입습니다. 그런데 이것도 다 하나의 썩을 면류관을 얻고자 하는 성분이 자기 속에 들어 있기 때문입니다.

우리는 최소한 이런 정도는 벗어나야 합니다. 우리가 애쓰고 힘써야 할 것은 썩지 아니할 면류관을 얻기 위한 노력이고, 그 다음에 소망의 면류관을 바라보아야 합니다. 그 다음의 면류관은 기쁨의 면류관인데, 하나님을 기쁘시게 해드린 사람에게 주신다고 했습니다.

이 시간에는 자랑의 면류관에 대해서 말씀드리려고 합니다. 자랑의 면류관은 복음을 잘 전해서 전도 많이 하고 제자를 잘 기른 사람이 받는 면류관입니다.

본문에 나오는 데살로니가 교회는 바울 사도가 전도해서 세운

자랑의 면류관

교회입니다. 그런데 교회만 세워놓고 그만두었습니까? 그렇지 않았습니다. 자기가 개척해서 세워놓은 그 교회를 어떻게 해서라도 알뜰하게 양육하기 위해서 애를 썼습니다.

바울 사도는 그의 사명감, 즉 예수 그리스도의 복음을 전하고자 하는 불붙는 마음이 있어서, 고생은 되지만 고생을 각오하고 데살로니가에 와서 교회를 세운 것입니다. 그는 교회를 세운 후에도 자기의 어떤 육적인 유익을 얻고자 하는 마음이 전혀 없었습니다.

바울 사도가 데살로니가 교회 성도들을 향해서 가진 마음은 두 가지인데, 첫째는 어떤 사람들은 전도를 받아서 믿고 있지만 어떤 사람들은 아직 전도를 받지 못하고 있으며, 혹은 전도를 받았다 할지라고 회개하고 돌아오지 않는 사람들이 있는데, 이 사람들을 어떻게 해서든 한 사람이라도 더 믿게 하려는 마음입니다.

그 다음은 이미 전도된 사람들을 위한 생각이었습니다. 예배당을 세우고 안 세우고는 둘째 문제고, 그저 모일 장소만 있으면 그것으로 족히 여기면서 예수님께서 가르치신 대로 어떻게든지 바로 양육하여 제자삼는 일에 대한 마음이었습니다.

그래서 바울 사도는 데살로니가 교회뿐만 아니라 각 지방에 다니면서 자기의 건강으로 발길이 닿는 곳마다 가서 만나는 사람들에게 복음을 전하고, 복음을 전해서 하나님 앞으로 돌아온 사람들을 올바른 길로 인도해서 잘 길러 주려고 애를 썼습니다. 이것이 바울의 마음이었습니다.

그래서 17절에 "형제들아 우리가 잠시 너희를 떠난 것은 얼굴이요 마음은 아니니" 그랬습니다. 얼굴은 떠났지만 마음은 항상 염려하고 있었다고 말했습니다.

자기가 개척해서 세워놓은 교회는 자기가 못 가면 편지를 써서

면류관으로의 초대

보냈습니다.

바울 사도가 고린도 교회를 개척해 놓고 문제가 생기니까 고린도전서와 후서를 써서 교회에 보냈습니다. 감옥에 있으면서도 자기가 세워 놓은 교회 성도들을 올바르게 길러주려고 하는 마음이 바울 속에 가득 차 있었습니다. 아무리 못된 사람이 있어도 그 사람을 길러주려고 애쓰고, 그에게 부담감이나 억압을 하지 않고 그저 어떻게 해서든지 바로 길러주려는 마음뿐이었습니다.

그러므로 오늘의 교역자들도 한두 끼를 굶는 한이 있더라도 성도를 바로 길러주려고 애를 써야 하고 성도들도 자기가 바로 성장해 가려고 애를 써야 합니다.

교역자로서는, 교인 중에 교회를 오래 다니고도 잘 안 만들어져서 사람 구실을 제대로 못하는 교인이 있을지라도 그저 '내 책임은 당신 하나 바로 길러 주는 것입니다' 하는 정신으로 그를 대해야 합니다. 그래서 심방을 하든가 기도를 하든가 '어떻게 하면 저분을 하나님과 가깝도록 만들어 줄까?' 하는 마음을 가져야 합니다. 그래서 여러 가지 방편을 쓰기도 합니다.

그런데, 이런 저런 방편을 쓸 때에는 평소에 말씀의 권위와 자기 생활의 권위가 있어야 됩니다. 다시 말하면 자기는 사치하면서 성도들에게 "너희는 사치하지 말라"고 하면 안됩니다. 자기는 낭비하면서 "너희는 낭비하지 말라"고 하면 안된다는 것입니다. 말씀의 권위와 자기 생활의 권위를 가지고 있으면서, 덜 된 사람 사람 만들어 주려는 불타는 마음을 가지고 있어야 합니다.

그러면 성경에서 예를 들어 보겠습니다.

믿음의 조상 아브라함이 하란에서 가나안으로 들어올 때 가나안으로 들어오다가 엘리에셀을 데리고 들어왔습니다. 상당한 값을

자랑의 면류관

주고 종으로 사 왔습니다. 그런데 아브라함은 그를 부려먹기보다
는 알뜰하게 길렀습니다.

다른 집에서 종살이하다가 아브라함 집으로 와 보니까 종살이
가 아니라 아들 대우를 받습니다. 또 배웠습니다. 어떻게 하면
하나님께서 기뻐하시고 어떻게 하면 하나님께서 노하신다는 것도
배워서 압니다.

창세기 15장에 보면 하나님께서 아브라함에게 나타나서 물으
셨습니다.

"아브라함아 네가 무엇을 원하느냐?"

그 때에 엘리에셀을 나의 상속자로 인정해 달라고 했습니다.
아브라함 자기가 돈으로 사서 자기가 길러 아들로 삼아 상속자로
삼기를 원하고 하나님께 승낙을 받으려 한 것입니다.

또 예수님께서 우리에게 가르쳐 주신 목회도 제자 목회입니다.
제자는 심복과는 다릅니다. 심복은 자기를 가르친 사람이 죽으라
고 하면 죽는 것이 심복입니다. 그러나 제자는 그분으로부터 인
격을 배우고 도리를 배우고 진리를 배워서 스승의 실력을 갖추고
스승과 같은 일을 하는 사람입니다.

우리 목회자들은 한 교회에서 목회를 3, 4년 하면 거기서 제
자가 생겨나야 합니다. 또 제자를 길러 놓으면 그 사람이 다른
교회로 간다고 해도 그 교회에 가서 하나님 섬기는 일만 잘하면
어디를 가서 있든지 그는 제자입니다.

그런데 '너는 내게서 배웠으니 내 심복이 되어서, 살아도 내
밑에 있고 죽어도 내 밑에 있고, 내 손발이 되어야 한다'고 하면
안됩니다. 이렇게 하는 사람은 자기 사람 만드는 것이지 주님의

제자 만드는 것이 아닙니다.

어쨌든 하나님의 말씀으로 제자를 만들어서 어느 교단에 가든, 어느 지방에 가든, 어느 나라에 가든 하나님의 일을 착실히 하도록 만들어 놓으면 됩니다. 그렇게 길러만 놓으면 그것으로 그 책임을 다한 것입니다. 그러나 자기는 기른다고 길러 놓았는데 다른 데 가서 말썽을 부리면 그를 기른 교역자의 마음이 아픕니다.

아브라함은 엘리에셀이 자기의 종이었지만 종으로 대우하지 않고 제자로 길렀습니다. 자기의 바톤을 받을 사람으로 길렀습니다. 그래서 하나님 앞에 상속자로 천거했지만 하나님께서 허락하지 않았습니다.

그런데 얼마나 잘 길렀던지, 창세기 24장에 보면 아브라함의 나이 일백사십세가 되었고 이삭의 나이 사십세가 되었을 때에 아브라함의 며느리를 구하여 데려오는 중매자로서 엘리에셀을 세웠습니다. 이삭과 살 사람을 엘리에셀에게 데리고 오라고 합니다.

여기서 우리 젊은이들은 생각을 해 보아야 합니다. 부모님이 어디가서 선을 보고 와서 "그 아가씨 내 마음에 쏙 들더라!" 하면 "그저 어머니가 좋다고 하시니 결혼하겠습니다" 하는 사람이 얼마나 있습니까?

"사람을 보는 데는 내가 너보다 낫다. 그런 사람이 앞으로 쓸모 있다. 꼭 그 아가씨와 결혼해라" 하면 "엄마하고 살 사람입니까 저하고 살 사람입니까?"라는 대답이 금방 나옵니다. "장가들 사람은 난데", "시집갈 사람은 난데" 그렇게 말하면 더 이상 말을 못합니다.

그런데 아브라함은 모든 전권을 엘리에셀에게 맡겼고, 엘리에셀은 하란에 가서 이삭의 아내 될 사람을 데리고 왔습니다. 기도

자랑의 면류관

하고 생각하고 해서 데리고 왔는데, 아브라함의 마음과 이삭의 마음에 꼭 드는 사람을 데리고 왔습니다. 이것을 보면 아브라함이 엘리에셀을 얼마나 잘 길렀는지 알 수 있습니다.

엘리에셀이 하란에 갈 때 아브라함이나 이삭의 사진을 가지고 갔습니까? 진실성 하나만 가지고 갔습니다. 그 진실성은 아브라함에게서 배운 것입니다. 인격이나 인품, 도덕성, 신앙성은 다 아브라함에게서 배운 것입니다.

그런데 엘리에셀이 하란에 가서 제일 처음 만난 사람이 이삭의 신부감이었습니다. 리브가를 제일 처음 만났는데 리브가가 엘리에셀을 보니 벌써 그 품위가 언행에서 드러납니다. 그때, 엘리에셀이 말을 건넬 때 수백 리 수천 리 밖에 있는 아브라함을 보는 것처럼 말을 전해 줍니다. 말로써 보여주었고, 말로써 믿게 해 주었습니다.

리브가는 그 말을 듣고 틀림없을 것이라고 여기고 따라갔습니다. 그 말씀을 믿고 따라와서 이스라엘의 어머니가 되었습니다. 그녀는 이스라엘 열두 지파의 어머니가 되었습니다. 엘리에셀은 이스라엘의 열두 지파의 어머니가 될 사람에게 보이지 않는 아브라함을 보여주었고 보이지 않는 이삭을 보여주었습니다. 이것은 바로 아브라함으로부터 배워서 아브라함으로 인해 성장해서 나타난 것입니다.

오늘 우리는, 아브라함이 자기의 종을 이만큼 기른 것처럼 보이지 않는 하나님을 성도들에게 말씀으로 보여주어야 합니다. 세상적, 물질적 관계로 보면 아브라함과 엘리에셀은 주종의 관계이며 혈육적으로 보면 남남입니다.

면류관으로의 초대

그러나 정신적 신앙적인 면에서 보면 사제 관계입니다. 스승과 제자의 관계입니다. 바울이 디모데를 가리켜 믿음의 아들이라고 한 것처럼, 아브라함의 믿음의 아들은 엘리에셀이었습니다. 이렇게 믿음의 아들로 기르고 제자로 길러 놓았을 때 수천 리, 수만 리 떨어져 있어도 그 스승을 잊을 수 없고 그 제자를 잊을 수 없습니다. 이렇게 잠시 떠난 것은 얼굴이요 마음은 안 떠난 것입니다. 늘 서로를 위해 염려한다는 말입니다.

아브라함이 볼 때 이렇게 길러 놓은 엘리에셀이 자랑스럽습니다. 어디에 내놓아도 자랑스럽습니다.

그렇다면 오늘 우리가 바로 성장했으면 예수님의 자랑거리가 될 수 있습니까? 우리를 만나는 사람들마다 "그 사람 진짜 예수 믿는 사람이더라!"라고 말한다면 예수님께서 얼마나 자랑스럽겠습니까? 그런데 "저 사람이 예수믿는 사람인가?" 욕심이 세상 사람보다 더하다. 사치성도 세상 사람보다 더하다. 썩을 면류관을 얻고자 하는 마음도 세상 사람보다 더하다. "저 사람도 예수 믿는 사람인가?" 한다면, 이런 사람은 그 스승에 대해서 수치거리요 예수님께 있어서도 수치거리입니다.

이렇게 성도를 잘 길러 놓으면 주님 강림하실 때 잘 길러 놓은 그가 곧 자랑의 면류관이 됩니다. 목자들이 양을 잘 길러 놓고 보면 그것이 곧 자랑의 면류관이 된다는 말입니다.

우리는 이 세상에 있을 때에 우리 자체로는 당연히 잘 길러져야 하고, 우리도 성도들을 잘 길러야 합니다.

기르는 데에는 여러 가지 방편이 있습니다. 기를 때 그저 강단에서 호통을 치면서 "하지 말라, 하지 말라"고만 하지 말고, 긍정적으로 자꾸 심어주어야 합니다. 허영심, 욕심을 다 뽑아버리고

자랑의 면류관

외유내강으로 길러 놓아야 합니다. 외적으로는 상당히 유순하면서도 신앙 정신에서는 아주 강한 사람으로 길러 놓아야 합니다.

이렇게 길러 놓으면 참으로 자랑스럽습니다. 모세는 여호수아를 길러 놓았으니 대견스럽고 자랑스럽습니다. 엘리야는 엘리사를 길러 놓았습니다. 엘리사가 그 스승 엘리야를 쫓아다니면서 그 스승이 "너는 여리고에 머물러라" 할 때 "왜 제가 여리고에 머물러야 합니까?" 했습니다.

"너는 벧엘에 머물러라!"

"아닙니다. 저는 스승님을 따라가겠습니다."

"너는 요단에 머물러라"

"아닙니다, 끝까지 따라가겠습니다" 하였습니다. 참 제자 엘리사를 길러 놓았으니 엘리야에게는 자랑스러운 일입니다.

미가야 선지자도 엘리야가 길러 놓았습니다. 아합 시대에 사백 인의 가짜 선지자들이 아합 왕에게 길르앗 전쟁에 가는 것이 하나님의 뜻이라 하여 이미 그 주장으로 기울어졌는데도, 미가야 선지자는 혼자 하나님의 뜻이 아니라고 완강히 외치다가 감옥에까지 들어갔습니다. 바른 신앙의 정신, 신앙의 지조를 엘리야에게서 배웠습니다. 엘리야가 볼 때 자랑스럽습니다. 이런 경우가 바로 자랑의 면류관입니다.

구약에서 빼놓을 수 없는 인물이 모르드개의 제자 에스더입니다. 에스더는 본래부터 돈 많고 희망이 있는 사람이 아니었습니다. 그냥 내버려두면 인간 쓰레기밖에 될 수 없었던 존재였습니다. 에스더는 그때 당시에 바벨론과의 전쟁에서 패해 포로로 잡혀 간 나라 없는 국민이요, 영토 없는 민족이요, 부모 없는 고아요, 돈 없는 거지와 같았습니다. 그런데 사촌 오빠 모르드개는 그를 참

면류관으로의 초대

사람다운 사람으로 만들어 주려고, 사람다운 사람으로 길러 주려
고 애를 썼습니다.

여기서 세밀하게 일일이 다 말할 수는 없고, 성경에 보면 "딸
같이 길렀다"고 했습니다. 또 에스더가 왕후가 된 후에도 모르드
개의 말을 과거에 양육받을 때처럼 순종했다고 했습니다.

딸같이 길렀다는 말은 많은 의미를 함축하고 있는 말입니다. 이
말을 좀 확대시켜 보면 모르드개가 에스더를 어떻게 길렀다는
것을 짐작할 수가 있습니다. 부모 없고 나라 없는 아이요 고아인
에스더였지만, 모르드개에게는 에스더를 너를 정말 사람다운 사
람으로 기르겠다는 정신이 그의 마음에 깔려 있었습니다.

먼저는 그런 마음이 중요합니다. 방편보다는 그 마음이 중요합
니다. 우리 인간은 영물이기 때문에 사탕발림의 달콤한 방편보다
는 사랑의 깊은 매 한 대, 호되게 야단치는 그것이 가슴에 뜨끔
하게 와 닿습니다.

모르드개가 에스더를 기를 때 '너는 지금은 고아이지만 언제
까지 고아로 불행하게 살 네가 아니다. 내가 너를 이 세상에 불
행한 인생으로 살도록 버려두지 않겠다! 현재는 네가 나라 없는
백성이요, 영토 없는 민족이요, 부모 없는 고아로 천덕꾸러기 중
천덕꾸러기이지만 내가 너를 길러서 그 한을 기어코라도 풀어
주고 말겠다!'라는 각오로 임했습니다.

에스더는 어리기 때문에 잘 모릅니다. 그러나 모르드개는 가르
칩니다.

"네가 바로 못 배우고 바로 못 자라면 사람 구실을 못한다!
어려서는 고아로서 고생이요, 커서는 배경이 없으니 고생이요, 네
평생 고생문이 훤하다!"라고 말입니다.

자랑의 면류관

“그러나 네가 바로 자라서 옳은 인간만 된다고 하면 너의 앞 날에는 희망이 있다! 그러니 제발 바로만 자라 다오.” 이렇게 기대를 걸고 길러 주려고 애를 썼습니다. 혈육적으로는 사촌 오빠지만 교훈적으로는 엄한 선생님이요 양아버지나 다름없는 분입니다. 아버지라도 그런 아버지가 없습니다.

모르드개가 에스더를 알뜰하게 길러놓았을 때, 마침 왕비 와스디가 파면을 당했습니다. 아하수에로 왕이 와스디를 파면시키고 다시 왕후를 구하게 되었습니다. 그때 당시 에스더는 배경도 없고, 자기는 타민족이니 아예 왕후가 될 생각은 하지도 않고 있습니다. 그런데 에스더가 얼마나 바르게 자라났던지, 얼마나 바르게 양육을 받았던지 에스더도 그 후보에 뽑혔습니다.

숙녀 3만 명이 뽑혔습니다. 여기에서 선발이 되어야 하니 3만대 1입니다. 그런데 에스더가 가능할까요? 첫째, 배경이 없습니다. 부모도 없습니다. 뼈대 있는 집안도 아닙니다. 타민족입니다. 있다면, 포로로 잡혀 왔다는 핸디캡만 있습니다. 부모 없이 제멋대로 자라났다는 그런 핸디캡만 있습니다. 감점이 될 만한 것이 수두룩하게 많습니다.

사촌 오빠가 최고 학부를 가르친 것도 아닙니다. 남만큼 공부도 못하고, 그저 집에서 모르드개의 교훈밖에 받은 것이 없습니다. 그런데 수만 명 중에서 에스더가 왕후로 뽑혔다는 보도가 나왔을 때 누가 제일 기뻤을까요? 수산 도성 거리 거리에 에스더가 왕후로 뽑혔다는 광고가 붙었습니다. 하나님께서 간섭하셔서 그랬는지는 몰라도, 왕이 에스더의 배경이나 부모에 관해서 일체 묻지 않았습니다. 다른 것은 일체 묻지 않고 전국에 세금을 면제해 주고 큰 잔치를 베풀고 에스더에게 왕후의 면류관을 씌워 주었다고

면류관으로의 초대

했습니다.

그때 면류관은 에스더가 썼는데 자랑스럽기는 누가 자랑스러웠을까요? 모르드개가 자랑스럽습니다. 눈물이 납니다. 그때 가서야 에스더가 모르드개에 대한 고마움을 알까요? 그렇습니다.

오늘 우리 목회자들이 모르드개가 에스더를 양육하는 그 심정으로 목회한다면 목회자는 다 성공한 것입니다. 모르드개가 없다면 에스더가 나올 리가 없었습니다. 훌륭한 스승이 없는데 어떻게 훌륭한 제자가 나올 수 있습니까?

모르드개의 자랑거리는 무엇입니까? 인물 잘난 것이 자랑입니까? 말 잘하는 것이 자랑입니까?

모르드개의 자랑은 에스더입니다.

"그의 강림하실 때에 자랑의 면류관이 누구냐? 너희가 아니냐?"

그의 강림하실 때에 자랑스러운 것은 예배당이 아닙니다. 어떻게 하든지 하나님의 자녀를 바로 길러야 합니다. 소극적으로 기르지 말고 적극적으로 길러야 합니다. "너 같은 것은 교회에 올 자격도 없다" 하지 말고, "너도 희망이 있다! 스데반을 때려 죽인 너지만 너도 희망이 있다!"라는 기대를 갖고 양육해야 합니다.

우리 하나님께서는 우리 인간의 과거를 절대 묻지 않으십니다. 주님께서 사마리아 여자에게 "너는 과거가 이러하니까 복음 전할 자격이 없다"고 하지 않았습니다. 절대로 과거를 묻지 않습니다.

막달라 마리아도 보십시오! 바리새인들은 과거를 들추어서 사람 대우를 해주지 않았지만, 예수님께서는 "과거에는 네가 알지

자랑의 면류관

못해서 그랬으니 이제부터는 사람 구실을 해라!" 예수님께서는 막달라 마리아를 잘 길러서 예수님이 부활하신 후에 제일 먼저 만나 주셨습니다.

이와 같이, 오늘 우리는 그 사람의 전과가 어떠냐 하는 것은 알 필요도 없습니다. 기억할 필요도 없습니다. 자꾸 남의 아픈 데를 긁어 부스럼낼 필요가 없습니다. 완전히 다 덮어 버리고, "주님도 따지지 않는데 나같은 죄인이 무얼 따지겠느냐? 나는 그보다 더 더러운 죄인인데……" 하면서 그를 잘 길러야 합니다. '이제부터라도 너도 인간이 될 수 있다! 네가 백 번 실패했어도 한번 성공할 기회가 있다! 그러니까 너는 이제부터라도 참 신앙 생활을 바로 해서 사람이 되라!' 이런 기대를 걸면서 기르고 또한 길리움을 받아야 됩니다.

그러므로 오늘 우리 젊은이들은 하나님께서 여러분들을 기르려고, 또 목사님이 여러분들을 기르려고, 주일학교 교사가 여러분들을 기르려고, 중고등부 교사가 여러분들을 기르려고 애쓸 때에 에스더처럼 길리움을 잘 받기 바랍니다. 또한 가르치는 책임을 맡은 분들은 모르드개처럼 감당하여서 그의 강림하실 때에 자랑의 면류관을 받으시기 바랍니다.

주님은 교인이 많고 적음을 따지지 않습니다. 얼마나 내 양을 잘 길렀느냐? 내 자녀를 얼마나 훌륭하게 잘 길렀느냐? 이것이 우리 목회자로서는 그의 강림하실 때에 자랑의 면류관이라는 것을 생각해야 되겠습니다.

면류관으로의 초대

6

영광의 면류관

"너희 중 장로들에게 권하노니 나는 함께 장로 된 자요 그리스도의 고난의 증인이요 나타날 영광에 참예할 자로라 너희 중에 있는 하나님의 양무리를 치되 부득이함으로 하지 말고 오직 하나님의 뜻을 좇아 자원함으로 하며 더러운 이를 위하여 하지 말고 오직 즐거운 뜻으로 하며 맡기운 자들에게 주장하는 자세를 하지 말고 오직 양무리의 본이 되라 그리하면 목자장이 나타나실 때에 시들지 아니하는 영광의 면류관을 얻으리라."

베드로전서 5 : 1-4

면류관의 첫째로 "저희"들은 썩을 면류관을 얻기 위하여 노력한다고 했습니다. 우리도 지금까지는 썩을 면류관을 얻기 위해서 노력해 왔습니다.

그러나 이제는 썩지 아니할 면류관을 얻기 위해 노력하는 우리가 되어야 하겠습니다.

우리가 천국가기 위해서 노력하는 그 노력은 모두가 헛 노력입니다. 우리가 노력한다고 해서 못갈 천국에 가게 되고, 노력하지 않는다고 해서 갈 천국을 못가는 것도 아닙니다. 오직 우리는 면류관을 얻기 위해 노력하는 사람으로만 살면 됩니다.

우리가 썩지 아니할 면류관을 얻기 위해 노력한 다음에는 소망의 면류관을 기대할 수 있습니다. 썩을 면류관에도 소망이 있습니까? 썩어 버리니까 소망이 없습니다. 썩지 아니할 면류관은 영원히 썩지 아니하므로 소망이 있습니다.

우리가 소망의 면류관을 위해서 노력하고, 그 다음에는 기쁨의 면류관입니다. 소망을 가졌으니 기쁠 수밖에 없습니다. 소망이 확실하니까 그분이 강림하실 때에는 내게 소망의 면류관을 주시니 기쁠 수밖에 없습니다.

그래서 기쁨의 면류관을 받게 되고, 그 다음에는 자랑의 면류

영광의 면류관

관입니다. 모르드개의 자랑거리는 에스더라고 했습니다. 에스더를 기를 때에 얼마나 알뜰하게 길렀을까요? 이미 모르드개의 마음 속에는 에스더에 대한 꿈이 자리잡고 있었습니다.

'에스더야! 너만 순종 잘하면 너를 여자 중의 여자요, 처녀 중의 처녀요, 세상에서 너를 비길 사람이 없는 그런 인물로 만들어 주겠다'고 생각을 했습니다. 모르드개가 아무리 에스더를 잘 길렀다 할지라도 지금의 우리나라 경기도, 강원도 하듯이 무려 127개 도의 페르시아입니다.

유행가에도 보면 "페르시아 공주는 꿈 속의 공주"라는 가사도 있는데, 당시의 페르시아는 더더욱 아하수에로 왕 때가 가장 전성기였습니다. 옛날 바벨론 나라도 굉장히 부강한 나라였는데, 느부갓네살 왕 때에는 120개의 도였습니다.

그런데 아하수에로 왕이 통치할 때는 127개의 도였던 것입니다. 굉장히 넓은 나라입니다. 페르시아가 헬라까지 정복하려고 터키를 지나 소아시아를 지나서 유럽까지 건너가서 전유럽을 다 삼키려는 그런 큰 꿈을 안고 있는 때였습니다. 얼마나 나라가 부강했던지 잔치를 6개월이나 할 만큼 부강한 나라였습니다. 헬라 원정을 앞에 두고 군인들의 사기를 돋구어 주기 위해 6개월간 잔치를 할 만큼 그렇게 부강한 나라니 얼마나 굉장한 나라였습니까?

그 나라의 왕후가 되리라고는 상상도 못했습니다. 모르드개도 그렇게까지 성공하리라고는 꿈에도 몰랐을 것입니다. 그 높은 자리에 앉히고 앉히지 않고는 누가 합니까? 하나님이 하십니다. 다만 기르는 것은 우리의 몫입니다.

길러만 놓으면 하나님께서는 쓸모 있는 사람을·결코 버리지

면류관으로의 초대

않습니다. 세상 사람은 아무리 실력이 있고 쓸모가 있어도 자기 힘에 겨우면 안씁니다. 자기보다 좀 수준이 높으면 쓰지 않습니다.

그러나 우리 하나님 아버지께서는 진짜 영력 있고 실력 있는 사람을 그냥 숨겨 두지 않으십니다. 어떻게 해서라도 발굴해서 쓰시는 하나님이십니다. 높여 주시는 그런 하나님이심을 알아야 합니다.

그래서, 기르기는 모르드개가 기르고 부지런히 양육을 받기는 에스더가 양육을 받았습니다. 모르드개가 기를 때 대충 성공하리라고 생각은 했지만 왕후가 되리라고는 상상도 못한 일이었을 것입니다.

그때 당시에는 지구상에서 제일 부하고 강한 나라가 파사 나라였습니다. 제일 강한 나라에서 제일 높은 사람은 왕입니다. 그 왕의 이름이 아하수에로입니다. 그 다음에 인간으로서 행복의 최고 꼭대기에 이르는 자리가 바로 왕후 자리입니다. 그러면 그때 그 당시에 인간으로서 최고의 자리에 이른 사람이 바로 에스더였던 것입니다.

에스더가 왕후의 자리에 확정되었을 때 그때의 감격은 이루 말할 수 없었을 것입니다. 실은 에스더보다는 모르드개가 더 기쁩니다. 왕후는 되었지만 그 감격은 모르드개가 더합니다. 스승이 제자를 잘 길러서 그 사람이 훌륭한 주의 종이 되어 어디에서든지 칭찬받고 여기 저기서 청빙을 받을 때 스승의 가슴은 정말 감격스럽습니다. 정말 자랑거리입니다.

이러한 모습을 우리는 역사 세계에서 많이 봅니다. 우리가 이렇게 사람을 기르는 것이 얼마나 자랑스러운 일인지 모릅니다 그러므로 길리움을 받는 분들이 같이 협조를 해야지 아무리 올

영광의 면류관

바르게 기르려고 해도 길리움을 받는 사람이 호흡을 같이하지 않으면 옳은 사람을 하나도 못길러 냅니다. 전부 도중 하차해 버립니다.

어떤 부모라도 자기 자식 잘못 기르려고 하는 부모는 한 사람도 없습니다. 지금은 말세가 되어서 그런지는 몰라도, 아무리 부모가 자식을 좋은 인물로 길러 보려고 "너는 이런 사람이 되라"고 해도 잘 안됩니다. 오히려 자녀가, 자기 가고픈 대로 갈테니 아뭇소리 말고 뒤에서 밀어나 주라고 합니다. 그래서 부모는 아뭇소리 못하고 뒤에서 밀어주는 그 역할만 하다가 나중에 저희가 독립하면 나몰라라 합니다. 나중에는 부모가 자녀를 잘못 기른 책임도 있지만 자기가 잘못 자라난 책임도 있습니다. 그런 자식은 부모를 모시려고 하지도 않습니다. 당연합니다. 그러니까 그 부모님들이 기동력이 다 떨어질 때에는 천덕꾸러기가 되고 맙니다.

그러나 제자를 바르게 길러 놓으면 하나님께서 결코 그를 버리시지 않습니다. 비단 교역자의 위치에서뿐만 아니라, 일반 성도로 있으면서도 나만 잘살겠다고 하지 말고 그것을 가지고 젊은 이들을 잘 길러 보십시오!

농사꾼이 농사를 지을 때 곡식 한 포기라도 온갖 성의를 다 합니다. 그렇게 기르니 수확을 내기 전에 자라는 모습만 보아도 참 좋습니다.

오늘 우리가 사람을 기르는 데 정성을 다 들여야 합니다. 사람 기르는 데 돈을 따지면 안됩니다. 돈이 중하냐, 사람이 중하냐? 내게 있는 많은 돈을 투자해 가면서라도 몹쓸 사람을 쓸모 있는 사람으로 길러 놓으면 그것이 재산입니다. 그것이 얼마나 자랑의 면류관이 되는지 모릅니다.

면류관으로의 초대

에스더는 모르드개에게서 자랄 때만 순종한 것이 아니고, 왕후가 된 후에도 권위 의식을 가지지 않았습니다. 왕후였지만, 모르드개를 끝까지 자기의 스승으로 모시고 자기의 양부처럼 모셨습니다. 에스더 4장 14절에 보면 에스더가 왕후가 된 후에 모르드개가 에스더에게 말합니다.

"유대인들이 다 죽게 되었다. 그런데 네가 이 때에 잠잠하고 있으면 하나님께서 유대인은 다른 방법으로라도 구원하시지만 너와 네 집은 다 망할 것이다"라고 호되게 야단을 쳤습니다.

그때 에스더가 '내가 간신히 이렇게 왕후가 되었는데 공연히 잘못하다가 죽으면 어떻게 하겠느냐'는 생각을 할 수도 있었겠지만, 에스더는 그런 생각을 하지 않았습니다.

"그렇다면 내가 삼일간 금식 기도하고 왕의 앞에 나아가겠으니 오빠도 나를 위해 기도해 주십시오"라고 간청한 후 자기 시녀들을 데리고 삼일간 금식 기도하고 왕의 앞에 나아가서 큰 일을 이루어냈습니다.

나중에 모르드개를 영광의 자리에 앉힌 것은 모르드개의 아들도 아니고 딸도 아니었습니다. 사촌 여동생이 활동을 해서 그 나라의 국무총리 자리에 앉혀 놓았습니다. 또 온 유대인들을 구출했습니다. 그로 말미암아 부림절이라는 절기가 생겼습니다. 유대인들이 존재하는 한 그들의 기억에서 지워질 수 없는 에스더입니다. 모르드개 하면 에스더요, 에스더 하면 부림절을 생각합니다.

성도여러분!

사람 기르는 데 인색하지 맙시다! 사람을 기를 때에는 먼저 그 사람을 사랑해야 합니다. 돈보다, 재산보다, 그 무엇보다 그 사람을 사랑하는 마음을 가지고 길러야 합니다. 내가 어려움을

영광의 면류관

당할 때 하나님께서 그를 통하여 그 모든 어려움을 모두 막아 주십니다.

그러므로 '나는 너를 기르려는 그것으로 만족하고 내가 너를 기르는 것은 또한 나의 의무다'라는 자세로 임해야 합니다. 그러지 않고 그에게 어떤 기대를 걸면 실망하기 쉽습니다. 훌륭한 사람이 되는 데에만 기대를 걸고, 자기가 어떤 대가나 유익이나 영광받을 것이나 대우받을 것을 바라서는 안됩니다.

이 시간에는 영광의 면류관에 대해서 살펴보고 있습니다. 영광의 면류관은 누가 씁니까? 좋은 본을 보여주고 사는 사람에게 주는 면류관이 영광의 면류관입니다.

보편적으로는 훌륭한 장로님들, 곧 치리를 잘하는 장로님들이 받는 면류관이라고도 말합니다. 물론 그 교회를 잘 다스리는 장로님들이 받는 면류관이라고 말할 수도 있습니다. 그런데 그렇게 말하면 좀 정치적인 색채를 띠게 됩니다.

그러나 실은 교회를 잘 다스린다는 것은 말없이 잘 다스린다는 것이 아니고, 하나님의 형상을 잘 이루어 나가도록 교회를 교회답게 교회다운 교회로 성장시켜 나아가는 데 본을 보여주는 이런 사람들이 받는 면류관임을 우리가 알아야 합니다.

여기에서 말하는 '장로'는 오늘날 교회에서 투표해서 세우는 그런 장로가 아닙니다. 그 당시 유대인들 세계에서의 장로는 72인 산헤드린 공의회의 대표로 선출된 자들을 가리킵니다. 이분들은 그저 권위 의식을 가지고 무엇을 하는 것이 아니고, 앞장서서 솔선 수범으로 모범을 보여서 바른 길로 인도하는 장로들이었습니다.

면류관으로의 초대

그래서 베드로가 흩어져 있는 유대인들에게 쓴 편지를 보면 "나도 함께 장로된 자요"라고 했습니다.

우리가 알기로는 베드로는 장로가 아니라 사도입니다. 베드로는 예수님의 공식적인 제자요 하나님께서 임명하신 사도입니다. 그런데 왜 자기를 장로라고 했습니까?

장로라고 말했다고 해서 그가 아니라는 말이 아닙니다. 그것이 아니라, 어떤 교회를 치리할 수 있는 권한을 가진 권위 의식을 갖고 있는 그런 장로가 아니라는 말입니다. 다시 말하면, 장로라는 말 속에는 직접 예수님을 3년간 따라다니면서 예수님에게 배운 사람이라는 것이 전제되어 있습니다. 베드로가 3년간 예수님을 따라다니면서 배운 것은 지식이나 학문만이 아니라 사상과 생활과 그 모든 것을 배웠다는 말입니다.

요즘 신학교 교수님들을 보면 어떤 분들은 그분의 신앙, 사상, 생활을 배울 만한 분들도 있습니다. 또 어떤 분들은 학문은 좋은데 생활은 전혀 배울 것이 없는 분들도 있습니다.

베드로는 갈릴리 바다에서 고기를 잡다가 예수님을 만났습니다. 처음에는 자기에게 예수님이 찾아오셨을 때 거부감을 느꼈을 것입니다. 대개 우리 인간은 상대가 나보다 월등하게 높을 때에는 거부감을 일으킵니다.

그런데 예수님께서는 권위 의식을 가지고 베드로를 찾아가신 것이 아니었습니다. 예수님께서 바닷가에 가서 설교를 하신 다음 닫힌 베드로의 마음이 열렸을 때 "배를 좀 빌릴 수 있겠느냐?" 하시면서 베드로에게 접근했습니다. 예수님께서는 사람에게 접근할 때 항상 그렇게 접근하셨습니다.

또 사마리아 여자에게 접근하실 때에도 어떤 권위 의식을 가

영광의 면류관

지고 접근하신 것이 아니고, "물 좀 줄 수 없느냐?"고 먼저 자신을 오픈하시면서 접근했습니다.

또한 예수님께서는 복음을 전하실 때에 말로만 앵무새처럼 전하시고 생활은 전혀 탄판으로 사신 것이 아니었습니다. 모든 면에서 본을 보여주셨습니다.

그래서 베드로는 그 면을 남보다 더 많이 배웠습니다. "누구보다도 나는 예수님의 제자로서 그 면을 배웠다. 나는 거기서 녹아지지 않을 수 없었다"는 말입니다.

장로라 하는 말을 다른 말로 바꾸어서 말하면 모든 사람들보다 앞장서 나가면서 리드해 나가는 그런 사람을 말합니다.

그 사람을 보고 따라올 수 있도록 하는 것이 본래의 장로 제도입니다. 오늘 우리 조직 교회의 치리적인 장로에만 국한시키는 것이 아니고, 예수 믿는 우리 전부는 다 장로나 마찬가지입니다.

여자분들은 교회법상 장로는 될 수 없지만 가정에서, 이웃에서, 마을에서는 누구든지 다 장로입니다. 자녀들에게 본을 보여주니 가정에서 장로입니다. 제도상 장로 노릇을 해야 합니다. 가정에서 함부로 무엇을 잘못하면 안되고, 도리어 본을 보여 주어야 됩니다. 자녀들이 가정에서 항상 만나는 사람이 어머니입니다. 그래서 어투나 성격이나 성질, 이런 것들은 어머니를 많이 닮습니다. 그렇기 때문에, 유대인들의 전통적인 교육을 보면 가정 교육은 아버지를 따르지 않고 어머니를 따르게 되어 있습니다.

그러므로, 여자분들은 제도적으로 장로는 될 수 없지만 정신적, 신앙적으로는 장로가 되어야 합니다. 자녀에게 본을 보여주고, 구역에서 본을 보여주고, 이웃에게 본을 보여주는 장로가 되어야

면류관으로의 초대

합니다. 무슨 욕설이나 속된 말이나 저속한 말을 하게 되면 우선 자기 입이 더러워지게 되고, 그 다음에는 자기 밑에서 자라나는 사람이 이를 배우게 됩니다. 내가 하는 모든 것은 다 배우는 사람이 있다는 것을 알아야 합니다.

그러므로 우리들은 가급적이면 몇 마디 말도 삼가서 본을 보여주어야 합니다. 이웃을 만날 때에는 어떻게 하고, 윗사람을 만날 때에는 어떻게 하고, 아랫사람을 만날 때에는 어떻게 하고, 교역자가 왔을 때에는 어떻게 한다는 본을 보여 주어야 합니다.

이렇게 본이 된 그 사람에게는 그것이 영광이 됩니다. 사무엘상 1장에 보면 사무엘이라는 인물이 나옵니다. 그의 어머니 한나가 그를 길렀습니다. 기도하면서 정성들여 길렀습니다. 그렇게 길러 놓으니 한나의 영광은 사무엘입니다. 한나가 유명해진 것은 사무엘 때문입니다.

한나가 사무엘을 기르다가 자신의 서원대로 성막에서 자라게 했습니다. 하나 얻은 자식이기 때문에 자기 품에서 길러야 되겠지만, 젖을 뗀 후에는 제사장 엘리에게로 보내서 자라게 했습니다. 모성애를 냉정히 끊고 엘리에게 보냈습니다.

"사무엘아! 너는 아무 것도 하지 말고 엘리의 집에 가서 신앙 유산을 받아라!"

그래서 엘리의 신앙 유산은 엘리의 아들들인 홉니와 비느하스가 아니라 사무엘이 받았습니다. 정권 이양, 즉 권세 유산은 홉니와 비느하스가 받았고, 신앙 유산은 사무엘이 받았습니다. 엘리의 아들들인 홉니와 비느하스는 신앙 유산은 받지 않고 권세와 물질을 받았지만, 그것은 물거품처럼 날아가 버리고 결국 목숨까지 잃게 되고 말았습니다.

신앙 유산은 물려주지 않고 자식에게 돈만 주면, 돈 잃고 자식 잃고 다 잃어버립니다. 그러므로 돈은 물려주지 못해도 신앙 유산 하나만 제대로 물려주면, 그야말로 수억만금을 물려주는 것보다 더 낫습니다.

내가 낳은 자식을 모범을 보여 기르려고 애를 쓴 한나는 더이상 힘이 부족해지니까 훌륭한 스승 밑에 보내서 신앙 유산을 받게 하였습니다. 나중에 사무엘이 이스라엘의 사사가 되니, 그것이 한 나의 영광이 되었습니다.

사무엘의 어머니는 한나요, 아버지는 엘가나입니다. 그런데 성 경에는 아버지의 이름은 감추어지고 어머니의 이름이 드러났습니 다. 이는 누가 길렀느냐에 따라 영광이 된다는 말입니다. 핏줄은 그리 중요한 것이 아닙니다. 문제는 아버지가 길렀느냐 어머니가 길렀느냐입니다.

그러므로 철두철미한 사상을 집어넣어 주고 철저한 사상 교육 을 시켜서 신앙 인격을 가진 사람으로 길러야 합니다. 말로만 기 를 것이 아니라 생활로, 행위로, 행동으로 길러야 합니다.

한 사람이 본을 보여주고 그 본을 받아서 어떤 사람이 훌륭하게 되고 나면, 그것으로 인한 영광은 그 본을 보인 사람에게 돌아갑 니다. 그것을 영광의 면류관이라고 합니다.

우리가 성경을 보면, 예수님께서 승천하시기 직전에 베드로에게 부탁하신 말씀이 "너는 많은 사람에게 전도를 해서 제자를 삼으 라"는 것이었습니다.

제자를 삼으라는 것은 본을 보여서 가르치라는 말입니다. 사람 은 자기 성격대로 되는 것입니다. 사람의 가치관은 절대적이 아 닙니다. 사람의 성격도 개체, 개별의 성격을 다 가지고 있습니다.

면류관으로의 초대

좋아하는 것도 각자가 다릅니다.

그런데 베드로에게 있어서는, "베드로야, 너는 지금 현재 수많은 사람 중에서 가장 존경스럽고 네가 닮고 싶은 분이 있다면 누구냐?"라고 묻는다면 이렇게 대답할 것입니다.

"예수님의 거룩하신 모습입니다. 나는 예수님을 닮고 싶습니다. 그래서 예수님을 닮았습니다. 학벌은 없지만 저는 예수님의 수제자입니다. 예수님을 가장 존경하고 가장 사랑하고 사상적으로도 수제자였습니다."

생활면에서 배웠고, 정신면에서 배웠고, 사상면에서 배웠습니다. 베드로에게는 그분의 교훈, 그분의 사랑, 그분의 인격, 그분의 태도, 그분의 모든 것이 자기 몸에 배어 버렸습니다. 이것을 자기 제자들에게, 자기 후배들에게 넘겨 주려고 애씁니다. 참으로 멋있는 장로입니다. 예수님께서 본을 보여주신 것처럼 그도 사람들에게 본을 보여주는 장로가 된 것입니다.

1. 베드로는 본을 보일 때 부득이함으로 하지 않았습니다.

하나님의 뜻을 좇아 자원하는 마음으로 했습니다. 그래서 우리도 부득이함으로 하지 말고 자원함으로 해야 합니다.

2. 또 더러운 이(利)를 위하여 하지 말라고 했습니다.

우리가 전도를 하거나 무슨 일을 하든지 그저 하나님 앞에 받은 은혜를 감사하며, 건강한 몸을 가지고 있을 때 충성하고 봉사해야 합니다.

수고한 품값을 바라며 무슨 일을 하면 안됩니다. 이것은 더러운 이(利)가 됩니다. 그래서 베드로는 더러운 이를 위하여 하지 말

영광의 면류관

라고 했습니다.

그러면 더러운 이가 아닌 고운 이(利)는 무엇입니까? 하나님께서 내게 베푸시는 영광의 면류관, 이것만 바라보고 나아가야지 세상 인간으로부터 대우받고 대접받고 물질받고 하는 이것을 더러운 이라고 했습니다.

3. 그 다음, 주장하는 자세로 하지 말라고 했습니다.

교회에서 권위 의식은 문제가 됩니다. 예수님께서 우리에게 가르치신 것은 사랑입니다. 예수님은 어디까지나 사랑에 녹아지고, 말씀에 녹아지고, 천국을 보여주고, 천국에 소망을 두게 하고 나아가셨지, 주장하는 자세로 무슨 세상 권세처럼 그렇게 하시지 않았습니다.

목사의 위치는 세력을 부리는 위치가 아닙니다. 사랑을 전달해 주는 위치입니다. 우리도 형제에게나 누구에게도 권위 의식으로 대해서는 안됩니다. 주장하는 자세로 하면 안되고 본을 보여주는 자세로 해야 합니다. 우리는 누구에게든지 본을 보여주어야 합니다.

그런데 본을 보일 때 핵심적인 요소가 하나 있습니다. 본을 보여주려면 다른 사람보다 내가 먼저 앞서야 한다는 것입니다. 다른 사람보다 뒤져 있으면 본을 보여줄 수 없습니다. 다른 사람에게 본을 보여주려면 어떤 면에서든지 다른 사람보다 앞서 있어야 합니다. 이런 사람에게 영광의 면류관을 준다고 했습니다.

그러므로 남의 뒤를 쫓아가려고 하지 말고, 내가 앞장서서 나아가 누구에게든지 본을 보여줄 수 있는 사람이 되어야 합니다. 가능하면 전반적인 면에 본을 보여줄 수 있는 우리가 되어야 합

면류관으로의 초대

니다. 성격면이나 성질면이나 활동면이나 모든 면에서 본을 보여 주어야 합니다.

　이렇게 본을 보여 주려면 자기가 앞장서서 노력을 해야 합니다. 이런 사람은 영광의 면류관을 얻고도 남음이 있는 것입니다. 본을 보여주는 사람이 있는 교회는 살아납니다.

　본을 보여주는 사람이 있는 교회는 부흥이 됩니다.

　그러므로, 우리가 지금까지는 썩을 면류관을 얻으려고 노력했지만 이제는 썩지 아니할 면류관, 영광의 면류관을 얻기 위해서 노력하는 여러분들이 되시기를 바랍니다.

　영광의 면류관을 씌워주려고 하시는 하나님을 실망시켜 드리지 말고, 본을 보여주어서 영광의 면류관을 획득하시는 여러분들이 다 되시기를 바랍니다.

영광의 면류관

7

의의 면류관

“때가 이르리니 사람이 바른 교훈을 받지 아니하며 귀가 가려워서 자기의 사욕을 좇을 스승을 많이 두고 또 그 귀를 진리에서 돌이켜 허탄한 이야기를 좇으리라 그러나 너는 모든 일에 근신하여 고난을 받으며 전도인의 일을 하며 네 직무를 다하라 관제와 같이 벌써 내가 부음이 되고 나의 떠날 기약이 가까왔도다 내가 선한 사움을 싸우고 나의 달려갈 길을 마치고 믿음을 지켰으니 이제 후로는 나를 위하여 의의 면류관이 예비되었으므로 주 곧 의로우신 재판장이 그 날에 내게 주실 것이니 내게만 아니라 주의 나타나심을 사모하는 모든 자에게니라.”

디모데후서 4 : 3−8

5 절 초두에 "그러나"라고 한 것은 3절에 말씀한 "때가 이르
리니 사람이 바른 교훈을 받지 아니하며 귀가 가려워서 자
기의 사욕을 좇을 스승을 많이 두고" 하는 그런 때가 온다는 말
입니다. 자기의 사욕을 좇을 스승을 많이 둔다는 말은 그저 육신
이 축복받고 육신이 성공하고 잘된다고 하는 그런 설교를 듣기
좋아한다는 말입니다.

사람들이, 주님을 위해 십자가를 지라고 설교하는 곳에는 잘
가지 않지만 사욕적인 부흥회를 하는 곳에는 잘 갑니다.

성경은 거짓말을 하지 않습니다. 인간의 심리를 잘 아시는 성
령님께서 영원을 추구하는 공욕보다는 일시적인 사욕을 좇는 것
이 많다는 것을 이미 이천년 전에 우리에게 가르쳐 주셨습니다.

공욕이란 하나님께서 원하시는 욕심을 나도 원하는 것을 말합
니다. 나뿐만이 아니라 천군 천사들도 원하고, 이미 천국에 가
있는 모든 성도들도 원하고, 나아가서는 땅 위에 있는 모든 성도
들도 공통적으로 욕심을 가지는 것을 공욕이라고 말합니다.

가령 예를 들면, 썩을 면류관 한 개를 두고 서로 쓰겠다고 할
때에 상대보다는 내가 가지기를 원하는 이것이 사욕입니다. 하나
님께서 원치 않는 것을 가지고자 원하는 것은 사욕에 속합니다.

그래서 하나님께서는 우리가 영적 부요자가 되기를 원하십니다. 또 이미 천국에 가 있는 아브라함도 당신의 영적 후손인 내가 믿음 생활을 잘해서 영적인 부요자가 되기를 원합니다. 이것은 하나님도 원하시고, 성령님도 원하시고, 이미 천국 간 아브라함을 포함한 모든 성도들이 원하고, 또 땅 위에 있는 모든 성도들도 원하고, 이처럼 나도 원하고 모든 사람이 원하는 것을 공욕이라고 말합니다.

여러분들이 면류관을 가지고자 하는 욕심은 여러분 각자 가지고 있고, 나보다는 이미 천국에 가서 실제로 그 세계를 누리고 있는 앞선 성도들이 더 가지고 있을 것이고, 그보다 더 욕심이 강하기는 천군 천사들일 것입니다.

그런데 이 천군 천사들도 땅 위에 있는 성도들이 면류관을 받는 것을 간절히 소원하고 있습니다. 또, 이 천군 천사들보다 더 욕심을 가지고 계신 분이 있으니, 바로 하나님이십니다. 우리 하나님은 당신이 면류관을 쓰시려고 애를 쓰시는 것이 아니라 우리에게 면류관을 씌워주시려는 욕심을 가지고 계십니다.

얼마나 욕심을 가지셨습니까? 주님께서는 나에게 금관을 씌워주시기 위해서 당신이 가시관을 쓰시기까지 하셨습니다.

이러한 욕심이 바로 공욕입니다. 그러면 오늘날 우리 한국의 많은 교인들 중에 사욕을 가진 사람이 많을까요, 공욕을 가진 사람이 많을까요? 공욕을 가진 사람이 몇이나 되겠습니까? 목회자들이나 성도들이나 누가 잘못하는 것인지는 모르지만, 귀가 가려워서 사욕을 좇는 스승을 많이 둔다고 했습니다.

그래서 때가 이르면 사욕을 좇을 스승을 많이 두고, 또 귀를 진리에서 돌이킨다고 했습니다. 백만원 감사 헌금을 하면 천만원

면류관으로의 초대

축복을 받게 된다고 하면 되든 안되든 귀가 솔깃해집니다.

기도원에서 축복 성회를 하면 헌금을 세 번 합니다. 첫째는 서원 헌금, 둘째는 회개 헌금, 셋째는 감사 헌금을 합니다. 그렇게 하면 축복을 도매금으로 가지고 간다고 합니다.

그런데 우리는 "주를 위해서 십자가를 져라! 주를 위해서 고난당하는 것이 영광이다!" 이런 소리를 하고 있으니 누가 듣기를 좋아하겠습니까? 예수님께서는 "무릇 누구든지 나를 좇고자 하는 자는 자기를 부인하고 자기 십자가를 지고 오라"고 하셨습니다.

예수님께서 벳세다 광야에서 떡 먹으러 오라 하니까 남자만 오천명이 넘었습니다. 그런데 변화산상에 올라갈 때에는 세명만이 따라갔습니다. 떡을 나누어줄 때에는 오천명이 넘었고, 변화산상에는 세명밖에 따라가지 못했습니다.

이것이 기독교입니다. 병 고쳐주고, 떡 얻어먹고, 축복받는 데에는 인산 인해를 이룹니다. "무리 수만 명이 옹위하여 주의 말씀을 듣더라"라고 했습니다.

그러나 변화산상에는 세명, 겟세마네 동산에 기도하러 갈 때에는 열한명, 나중에 예수님께서 십자가를 지시고 골고다 길로 가실 때에는 다 도망가고 요한 한 사람만 좇아갔습니다.

이와 같이 그들은 진리에서 귀를 돌이켰습니다. 진리는 듣기 싫다는 것입니다.

왜 그렇습니까?

사욕을 좇을 스승을 자기 마음 속에 두고 있으니 진리에 귀를 귀울이기 싫다는 것입니다. 세상 맛을 보고 나면 그렇게 됩니다.

의의 면류관

4절에 "또 그 귀를 진리에서 돌이켜 허탄한 이야기를 좇으리라. 그러나 너는(이 말은 누구에게 하는 말입니까? 역사적으로는 디모데에게 하는 말이요, 계시적으로는 우리에게 하시는 말씀입니다) 모든 일에 근신하여 고난을 받으며"라고 했습니다.

여러분!

대우받고 영광받는 것이 낫습니까, 고난받는 것이 낫습니까? 물론 영광받는 것이 더 낫습니다. 그러나 복음을 위하여 받는 고난은 영광보다 가치 있는 고난이라는 것을 우리가 알아야 합니다.

5절에 계속 보면 "전도인의 일을 하며 네 직무를 다하라"라고 했습니다. 이 말씀은 바울이 디모데에게 부탁하는 말씀이요 오늘 우리들에게 하시는 말씀입니다.

6절부터는 자기에 관한 말을 합니다.

"관제와 같이 벌써 내가 부음이 되고"라고 했습니다. 이 말씀을 역사적 배경 그대로 살펴봅시다.

유대인들이 하나님 앞에 희생을 드릴 때 양을 잡아 제사를 드리는데, 산 양을 그대로 드리지 않고 죽여서 드립니다. 양을 죽일 때 양의 목의 동맥을 따고 그릇을 가지고 거기서 나오는 피를 받습니다. 그 피를 제단 주위에다 뿌립니다. 피를 뿌려 놓고 불을 피워서 그 양을 태워 버립니다. 이것을 가리켜 번제라고 말합니다.

관제라고 하는 것은 피를 받아서 제단에 뿌리는 것을 가리켜 관제라고 합니다. 희생을 드릴 때에는 산 것을 끌고 가서 그대로 바치는 것이 아니라 죽여서 바치게 되어 있습니다. 살아있는 것은 제물이 될 수 없습니다.

면류관으로의 초대

내가 하나님 앞에 온전한 제물이 되려고 하면 말씀 앞에서 죽어져야 합니다. 죽어야 제물이 되지, 죽지 않으면 제물이 될 수 없습니다.

여러분들!

다 죽었습니까? 말씀 앞에서 우리가 죽어야 됩니다. 그런데 우리는 아직도 살아있습니다. 배워서 자기가 만들어져야지 살아서 꿈틀거리면 제물이 못 됩니다. 목사도 하나님의 말씀 앞에서는 죽어야 합니다. 하나님의 말씀 앞에서 죽어져야 진짜 제물이 되는 것입니다.

본문의 바울은 살아 있지만 죽었습니다. 육신적으로 보면 산 것 같지만 하나님의 말씀 앞에서는 죽어 있는 사람입니다. 바울과 같이 유능하고 똑똑한 사람도 하나님의 말씀 앞에서 죽어져 합격이 되었습니다.

그 다음에, "관제와 같이"라고 한 것은 죽은 상태에서 지금까지 일해 온 것을 가리킵니다. 주께서 바울을 환난이 극심하고 핍박이 극심한 유럽과 소아시아로 집어 넣으셨을 때에, 그는 아뭇소리 하지 않고 갔습니다. 죽었으니 말을 하지 않습니다. 어려운 곳이나, 광야나, 환난, 핍박이 심한 곳으로 가라고 할 때 아뭇소리 하지 않고 가는 이것이 하나님 앞에 죽은 상태입니다. 자기가 가고 싶은 곳으로 가지 않고, 주님께서 가라고 하는 곳이면 어디든지 아뭇소리 하지 않고 갔습니다.

성경을 보면 오늘 우리는 고칠 것이 너무나도 많습니다. 배울 것이 너무나 많습니다. 미숙한 점이 한두 가지가 아닙니다. 특별히 사도행전 16장을 보면, 바울이 자기 자신의 생각으로 아시아 지

의의 면류관

방에 가서 복음을 전하기 위해 계획을 세워놓았습니다.

그리로 가려고 하는데 성령께서 가지 말라고 했습니다. 성령께서 가지 말라고 하니까 가지 않았습니다. 또 비두니아로 가려고 하니까 예수의 영이 가지 말라고 했습니다. 나중에 비몽사몽간에 마게도냐 사람들이 나타나서 우리를 도와달라 하여 주님께 물으니 그곳으로 가라고 해서 그곳으로 갔습니다.

그곳은 바울이 오기만 하면 환난과 핍박을 주려고 하는 그런 곳이었습니다. 그렇지만 아시아에서 전도를 하다가 마게도냐로 건너갔습니다. 마게도냐의 첫번째 성이 빌립보 성입니다. 그곳에서 미친 여자를 고쳐주고 난 그는 매를 맞고 발은 착고에 채이고 손은 고랑에 채인 채 깊은 감옥에 던져졌습니다.

그래도 하나님께 원망이나 불평을 하지 않고 갔습니다. 바울이 죽어서 살았으니, 바울의 속에 있는 피는 살아있는 피지만 이미 그 피는 하나님의 은혜에 의해 완전히 변화된 피입니다. 하나님께 바쳐진 피가 바울의 온 전신에 돌고 있습니다. "그 피가 식을 때까지 나는 주님 앞에서 원망도 불평도 짜증도 없이 나는 그대로 순종하겠노라" 하는 것이 곧 바울의 신앙이었습니다.

이것이 바로 성도들의 가는 길입니다.

그러므로 "관제와 같이 벌써 내가 부음이 되었다"는 말은 자기 몸의 동맥을 잘라서 피를 뽑아서 제단에 뿌렸다는 말이 아닙니다. 자기의 몸에는 피가 돌고 있지만 그 피는 이미 제단에 바쳐졌다는 말입니다.

사드락과 메삭과 아벳느고를 보십시오! 주의 말씀에 순종하다가 풀무불에 들어갈 때에 원망, 불평을 하거나 짜증을 내지 않았습니다. 이것이 바로 죽은 것입니다.

첫째로는 우리가 하나님 앞에 죽어져서 제물이 되어야 되고, 둘째로는 관제와 같이 내 피를 제단에 뿌려야 합니다. 죄짓는 데 사용되는 피, 죄짓는 일에 뛰는 맥박은 관제가 아닙니다. 내 피, 내 맥박은 하나님 말씀에 순종하는 데 피가 돌고 있고, 맥박이 뛰고 있는데 곧 이것을 가리켜 바울이 관제라고 말했습니다.

이렇게 바울의 피는 하나님의 제단에 뿌려졌으니, 바울에게는 죽음이 가져다 주는 두려움은 더이상 없습니다.

또 6절 하반절에도 보면, "나의 떠날 기약이 가까왔도다"라고 했는데, 이 말은 이 세상을 떠날 기약이 가까웠다는 말입니다.

빌립보서에도 보면 바울은 죽음을 전혀 두려워하지 않습니다. 오히려 환영했다는 문구를 볼 수 있습니다.

"내가 이곳을 떠나 주님의 곁으로 가는 것이 나의 소원이지만, 내가 세상에 있는 것이 너희들의 구원에 유익이 된다고 하면 내가 주님 곁으로 가는 것을 연기할 수도 있다"고 했습니다.

그리고 "생사의 기로에서 내가 어느 것을 택할지 내게는 아무 권한도 없고 자유도 없다. 생사의 기로에서 하나님께서 생에 머물라고 하시면 머물고, 사로 건너오라고 하시면 건너가고, 주님 당신의 처분대로 나는 기다릴 것이다"라는 것을 빌립보서 1장에서 발견할 수 있습니다.

만일 여러분들에게 죽을 기약이 가까웠다고 한다면 죽을 준비가 다 되어 있습니까?

떠날 기약이 가까웠다고 하는 이 말씀을 명심해야 될 줄 압니다. 우리는 아직도 성질 하나를 고치지 못했으니 문제입니다. 우리는 아직도 생땡이로 있으니 문제입니다.

의의 면류관

　고(故) 김현봉 목사님은 설교하실 때마다 다섯 가지를 강조하셨습니다.
　첫째, 믿는 일에 일심 전력하라고 했고
　둘째, 모든 일에 삼가 조심하고
　셋째, 양심을 똑바로 쓰고
　넷째, 명예와 영광심에서 떠나고
　다섯째, 사치에서 벗어나라고 했습니다.
　우리는 자기 분수를 알아야 합니다. 여기 있는 바울은 "떠날 기약이 가까왔도다"라고 했습니다.

　7절에 "내가 선한 싸움을 싸우고 나의 달려갈 길을 마치고 믿음을 지켰으니"라고 했습니다. 바울은 선한 싸움을 싸웠다고 했습니다. 앞에서 말씀드린 면류관을 얻기 위한 싸움과 여기 있는 싸움과는 좀 질이 다릅니다.
　선한 싸움은 두 가지로 해석됩니다. 요한계시록 3장 11절에 "내가 속히 임하리니 네가 가진 것을 굳게 잡아 아무나 네 면류관을 빼앗지 못하게 하라"고 했는데, 이 면류관이 곧 의의 면류관입니다. 의의 면류관은 선한 싸움을 다 싸우고 자기의 달려갈 길을 다 간 사람이 받아 쓰는 것입니다. 자기의 달려갈 길을 다 가면서 선한 사움을 싸워서 이긴 사람이 의의 면류관을 쓰게 됩니다. 이 의의 면류관은 정말 가치 있는 면류관입니다.
　"나의 달려갈 길을 마치고"라고 했는데, 우리의 달려갈 길은 무엇입니까? 우리 기독인의 달려갈 길은 어떤 길입니까, 평탄의 길입니까, 고난의 길입니까? 여기 있는 달려갈 길은 이 모든 길을 다 말합니다.

우리는 기도할 때에, 고난의 길이나 어려움의 길은 주지 말고 평탄이 길을 가게 해 달라고 기도를 합니다. 자기 자녀를 위해서 기도할 때에도, 하나님께서 작정하신 그 길만 걷도록 원합니까, 아니면 평탄한 길, 안일한 길을 가기를 원합니까?

이 세상이라는 길은 우리 인생의 행로입니다. 우리 인생이 출생이라는 그 출발 지점에서 죽음의 선까지 가는 것이 곧 인생의 행로입니다. 우리는 이 인생의 행로에서 고난의 길보다는 평탄의 길을 원합니다.

그러나 여기서 바울이 말한 나의 달려갈 길은 외길이 아닙니다. 한 종류의 길이 아닙니다. 하나님의 주권에 비춰 본다고 하면, 하나님께서 나로 하여금 걸어가게 하는 모든 길ー안일의 길이든, 고난의 길이든, 평탄의 길이든 십자가의 길이든, 부요의 길이든, 빈곤의 길이든, 환난의 길이든, 고난의 길이든, 역경의 길이든, 고난 풍파의 길이든, 파란만장의 길이든, 그 어떤 길이든 하나님께서 나로 하여금 가도록 마련해 주신 길은 다 나의 달려갈 길입니다.

또 "나의 달려갈 길"이라는 말은, 자기가 지금까지 살면서 부요에도 살아 보았고, 빈곤에도 살아 보았고, 학벌이 높은 데도 올라가 보았고, 낮은 데도 처해 보았고, 인생의 쓴 맛, 단 맛, 행복, 불행, 고난, 역경, 순경, 이 모든 것을 다 겪어 보았다는 말입니다.

이것이 나의 달려갈 길인데, 자기의 달려갈 길을 마쳤다는 말은 자기가 예수님을 믿은 이후에 하나님께서 자기로 하여금 걷도록 마련해 놓으신 모든 길을 하나도 빠뜨리지 않고 다 걸어갔다는 말입니다.

이 길은 어떤 단순한 길이 아닙니다. 여러 종류의 희비 쌍곡이 교차되는, 세상 사람이 경험해 보지 못한 것들이라도 바울은 복음을 들고 가면서 다 경험해 보았다는 말입니다.

나의 달려갈 길이란, 예를 들어 예루살렘에서 사마리아라로 내려가는 길과 같은 가시적인 지역을 가리키는 것이 아닙니다. 인생이 걷는 길의 성격을 말하는 것입니다. 이렇게 바울이 인생이 길을 걸으면서 때로는 환난과 핍박과 역경을 겪는 길도 걸어 보았고, 때로는 환영과 대접과 영광을 받는 그런 길도 걸어 보았다는 말입니다.

어떤 때에는 복음을 들고 가다가 하루 이틀을 굶는 빈곤의 길도 걸어 보았고, 어떤 때에는 먹을 것이 풍부한 그런 때도 있었습니다. 그러니까 바울이 예수를 믿고 예수의 복음을 위해서 걷는 데에는 자기의 모든 달려갈 길을 다 갔다는 말입니다.

그런 것에 비해 오늘 우리는 불행의 길은 싫고 행복의 길만 걷기를 원하고, 빈곤의 길은 싫고 부요의 길만 걷고 싶고, 멸시 천대받는 길은 싫고 환영받고 대우받는 그런 길만 걷고 싶어합니다. 그런데 바울은 이 모든 길을 다 걸어 보았습니다.

그러면 이 모든 길을 걸을 때 여기서 오는 결과가 무엇입니까? 자칫 잘못하면 백전 백패하기 일쑤입니다. 그렇지만 바울은 이 길을 걸어가면서 계속 싸우며 걸어갔습니다. 무엇과 싸웠습니까? 유대인들과 싸웠습니다. 사자와 싸웠고, 독사와 싸웠고, 풍랑과 파도와 싸웠습니다.

그런데 문제는 선한 싸움이 문제입니다. 그는 선한 싸움을 싸우고 달려갈 길을 마치고 믿음을 지켰다고 했습니다. 살펴보면 우리는 지금 신앙의 초보도 못 걷고 있습니다. 나의 달려가야 할 길도 걷기 싫어하는 우리들입니다. 불행의 길, 고난의 길, 역경의

면류관으로의 초대

길보다는 가능하면 안일의 길, 평탄의 길, 부요의 길, 대우받는 길, 영광받는 길, 이런 길만 걷고 싶으니 이것이 문제입니다.

바울은 달려갈 길을 다 가면서 싸웠다고 했습니다 그러면 우리에게 빈곤이 올 때에는 어떻게 싸워야 합니까?

"주여, 내가 믿사오니, 내게 빈곤이 왔사옵나이다. 이 빈곤을 물러가게 하여 주시옵소서. 빈곤은 물러가게 하시고 부요만 주시옵소서. 믿사옵나이다" 이렇게 기도한다면 이 사람은 이미 진 사람입니다.

그러면 어떻게 싸워야 합니까?

"빈곤아, 오너라! 네가 와서 나를 이틀 사흘 일주일 굶게 해 보아라! 내가 굶는 표정이라도 하는가 보라."

빈곤이 와서 아무리 억압해도 억압당하지 않아야겠습니다. 빈곤 가운데 빈곤을 모르고 산 바울입니다. 우리에게 빈곤이 왔을 때에는 부요에서 살라고 했습니다. 빈곤이 왔을 때 빈곤에서 살면 빈곤에게 억압을 당하고, 빈곤이 주는 슬픔, 불안, 걱정, 실망, 한탄 때문에 힘이 쭉 빠집니다. 바울은 빈곤이 왔을 때 부요에서 살았습니다.

또 때로는 부요도 왔습니다. 빈곤에서 살다가 부요로 교체될 때에는 "부요야, 네가 왔다고 해서 어깨에 힘주고 얼굴에서 웃음이 나올 내가 아니다." 바울은 부요가 왔을 때에도 부요에서 살지 않았습니다. 이것이 선한 싸움입니다.

그러면 나의 달려갈 길은 무엇입니까? 감옥이 왔을 때에는 왕궁에서 살고, 왕궁이 왔을 때에는 감옥에서 살았습니다. 이것이 바울이 싸운 선한 싸움이며, 바울은 이 싸움을 잘 싸워서 이기며 걸어왔습니다.

사람은 환경의 지배를 받지 않을 수 없습니다. 그렇지만 우리는 말씀에 충만해져서 진리의 말씀으로 자기가 만들어져야 합니다.

하나님께서 나에게 면류관을 씌워 주시느냐 안 씌워주시느냐가 아닙니다. 하나님께서는 우리 모든 성도에게 면류관을 주시고자 하십니다. 그러나 내가 의의 면류관을 쓸 수 있는 믿음의 역량이 없을 때에는 주님이 면류관을 씌워주시더라도 못 견딥니다. 마치 운전을 할 줄 모르는 사람에게 승용차를 한 대 주면서 운전하고 가라고 하는 것과 같습니다.

이와 마찬가지로, 하나님께서 우리에게 권고하시는 말씀은 내게 면류관을 준다 안 준다는 것이 아니고, 내가 구원을 잘 이루어 달려갈 길을 기쁘고 즐겁게 걸으면서 선한 싸움을 다 싸워 이기라는 것입니다.

불신자들도 웬만한 것은 다 초월하고 사는데 하물며 천국을 자신의 영원한 기업으로 삼고 하나님을 아버지로 부르는 하나님의 자녀가 이 정도를 아직도 초월하지 못한다면, 이 사람은 의의 면류관을 구경할 자격도 없는 사람입니다. 그저 세상의 영광, 세상의 존귀, 세상의 부귀 공명만 눈에 보이니 죽음의 저편 세계가 보일 수가 없습니다. 이 세계를 본 사람은 세상 것을 초월할 수 있습니다.

우리 기독인은 초절주의자가 아니라 초월주의자입니다. 자연계를 초월하는 것이 신앙입니다. 그런데 어떻게 되었는지 오늘의 성도들을 보면 명예와 영광심이 세상 어느 사람보다 더합니다. 이런 사람들은 의의 면류관은 구경도 못합니다.

진리 진리하면서도 이런 물질이나 세상의 모든 부귀 공명에 대해 초월하지 못한 사람은 선한 싸움을 싸워서 이기지 못한 증

면류관으로의 초대

거입니다.

그런데 자기의 달려갈 길을 다 가고 기구 만장한 이런 현실이 자기에게 와도 이것을 답습하고 선용해서 전부 구원의 재료로 삼아 나가는 사람이 있습니다. 그러므로 우리에게 어떤 환경이 왔을 때 그 환경을 역행하고 살아야 된다는 말입니다.

그래서 그 길을 가면서 사사 건건 믿음을 지킵니다. 부요가 와도 믿음을 지키고, 고난이 와도 믿음을 지키고, 빈곤이 와도 믿음을 지키고, 별의 별 것이 조석으로 교체되어 와도 믿음을 지킵니다. 그것 때문에 내 믿음이 중단될 수 없습니다.

"부요하다고 해서 내 믿음 중단할 수 없고 나는 믿음 지킨다. 가난에서도 믿음 지키고, 바쁜 때에도 믿음 지키고, 학교 시험칠 때에도 믿음 지키고, 학원에 갈 때에도 믿음 지킨다!" 이것이 바울의 신앙입니다.

자신의 뒤를 돌아다보니까 나의 달려갈 길을 다 간 것을 보았습니다. 내가 모든 것을 다 겪어 보았다는 말입니다. 가난도 겪어 보았고, 부요도 겪어 보았고, 감옥에도 들어갔고, 매도 맞아 보았고, 유대인들에게 멸시 천대도 받아 보았고, 성도들에게 대우도 받아 보았고, 하나님께서 내게 주신 모든 것을 다 교체시켜서 모든 시험에 전부 합격했다는 말입니다. 무슨 시험이든지 자기에게 오는 시험은 전부 통과했다는 말입니다.

이제는 다 통과하여 기다리고 있는 것이 있습니다.

8절에 "이제 후로는 나를 위하여 의의 면류관이 예비되었으므로 주 곧 의로우신 재판장이 그날에 내게 주실 것이니 내게만 아니라 주의 나타나심을 사모하는 모든 자에게니라"라고 했습니

의의 면류관

다.

믿음 생활은 엉망으로 해놓고도 "주여 주님의 나타나심을 나도 사모하고 있습니다"하는데, 왜 주님의 나타나심을 사모하고 있습니까? 의의 면류관을 얻기 위해서입니까? 디모데후서 4장 8절에 주의 나타나심을 사모하는 자에게 의의 면류관을 주신다고 했으니까 "나는 바울처럼 신앙 생활은 못했지만 주의 나타나심을 사모하고 있으니 내게도 의의 면류관을 주실 줄 믿습니다"하는 것입니까?

그렇지 않으면 도대체 "주의 나타나심을 사모한다"는 이 말이 무슨 뜻입니까?

자신이 있다는 말입니다. 모든 준비를 다 해 놓았으니 아무런 염려가 없다는 말입니다. 이와 같이 과거를 돌아다보고 현재를 보아서 주님께서 지금 나타나셔도 여한이 없다고 하며 사모하는 자에게는 면류관을 주신다는 말입니다.

바울이라는 사람에게만 면류관을 주시는 것이 아니라, 바울과 같이 자기 달려갈 길을 다 가고 선한 싸움을 싸우고 믿음을 지킨 사람에게는 어느 누구에게든지 면류관을 주신다는 말씀입니다.

여기에 한 가지 덧붙여 경고의 말씀을 드리면, 믿음을 지킬 수 있는 일이 있을 때에 면류관을 빼앗기지 말라는 것입니다. 다윗과 같은 사람을 보십시오!

야곱도 그렇습니다. 야곱은 아버지의 경제 유산을 하나도 받지 못했습니다. 경제 유산은 다 빼앗겼지만, 야곱이 빼앗길 수 없고 양보할 수 없었던 것은 하나님을 섬기는 것이었습니다. 하나님을 섬기는 것, 하나님을 기쁘시게 해드리는 것은 누구에게도 빼앗기

면류관으로의 초대

지 않았습니다.

야곱이 밧단아람으로 갈때, 그는 아버지께로부터 물려받을 모든 경제 유산을 다 포기하고 마른 막대기 하나만 가지고 갔습니다. 그러나 하나님을 섬기는 것만은 빼앗기지 않았습니다. 돈은 형에서가 다 가지고 하나님 섬기는 것은 야곱이 가졌던 것입니다.

우리가 가정에서도, 동생은 "부모님의 경제 유산은 형님이 다 가지십시오! 나는 부모님을 모시겠습니다"하고 형은 "아니다. 돈은 동생이 가져라! 부모님 섬기는 것은 부모님 돌아가실 때까지 내가 섬기겠다"이렇게만 된다면 그 가정은 천국이 됩니다.

그런데 "큰아들만 자식인가? 왜 부모는 큰 아들만 모셔야 되나? 딸은 자식이 아닌가? 누구 집으로 좀 가십시오! 누구 집으로 가십시오!"라고 합니다. 부모가 무슨 야구공입니까? 서로 "돈은 네가 가져라! 부모는 내가 모시겠다"고 한다면 이 얼마나 아름다운 미덕입니까? 왜 이런 신앙들을 못 가집니까?

그러면 또 딸도 와서, "어머니, 딸은 어머니 모시지 말라는 법 있습니까?" 딸은 딸대로 부모님을 모셔 가려고 하고, 아들은 아들대로 서로 모셔 가겠다고 하면 남이 보기에도 좋고 부모에게도 위로가 되는데, 오늘날은 어떻게 된 세상인지 부모님을 축구공 걸어차듯이 걸어찹니다.

이런 우리라면 어떻게 하나님 앞에 기도를 하며 어떻게 예수를 믿겠습니까? 우리 믿는 성도들은 결코 그렇게 해서는 안됩니다.

우리가 하나님을 섬길 때에, 하나님 앞에서 의의 면류관을 빼앗기지 않으며 살아야 합니다.

"수고와 봉사는 내가 합니다. 하나님이여, 물질의 축복은 아무에게 주시고 하나님을 섬기는 이 수고는 내게 주십시오. 나는 내 눈에 흙이 들어갈 때까지, 내 맥박이 정지될 때까지 주님을 섬기겠나이다.”

세상의 좋은 축복은 다른 사람에게 다 주더라도 하나님을 섬기는 것만은 자기가 가지겠다고 하면 하나님께서 기뻐하십니다. 이런 사람에게 하나님은 의의 면류관을 주십니다.

이 말씀을 우리는 잘 받아서, 우리도 이제는 의의 면류관을 쓸 수 있는 자격을 갖추고, 실력을 갖추고, 하나님께서 의의 면류관을 주실 때 능히 쓰고도 남음이 있는 그런 실력자가 되시기를 바랍니다.

면류관으로의 초대

8

생명의 면류관

"하나님과 주 예수 그리스도의 종 야고보는 흩어져 있는 열두 지파에게 문안하노라 내 형제들아 너희가 여러 가지 시험을 만나거든 온전히 기쁘게 여기라 이는 너희 믿음의 시련이 인내를 만들어 내는 줄 너희가 앎이라 인내를 여전히 이루라 이는 너희로 온전하고 구비하여 조금도 부족함이 없게 하려 함이라 너희 중에 누구든지 지혜가 부족하거든 모든 사람에게 후히 주시고 꾸짖지 아니하시는 하나님께 구하라 그리하면 주시리라 오직 믿음으로 구하고 조금도 의심하지 말라 의심하는 자는 마치 바람에 밀려 요동하는 바다 물결 같으니 이런 사람은 무엇이든지 주께 얻기를 생각하지 말라 두 마음을 품어 모든 일에 정함이 없는 자로다 ……시험을 참는 자는 복이 있도다 이것에 옳다 인정하심을 받은 후에 주께서 자기를 사랑하는 자들에게 약속하신 생명의 면류관을 얻을 것임이니라."

야고보서 1 : 1-8, 12

생명의 면류관은 시험을 통과한 사람이 받는 면류관입니다. 그러면 이 시험은 어떤 시험을 말하는 것인지 단계적으로 우리가 잘 알고 지나가야 하겠습니다.

우리의 신앙 생활에는 소극적인 신앙 생활, 적극적인 신앙 생활, 율법적인 신앙 생활, 은혜적인 신앙 생활 등이 있습니다.

1. 율법적인 신앙 생활

율법적인 신앙 생활에는 하나님의 사랑이 결여되어 있습니다. 이 말은 하나님께서 특별한 이유도 없이 우리 인간에게 율법을 세워 주셨다는 것입니다.

하나님께서 율법을 세워 놓으시고는 "이 법을 어기면 벌을 받고 이 법을 지켜야만 구원을 얻고 복을 받는다"라고 하셨다는 것입니다. 그래서 인간이 그 율법을 지킵니다. 지키면서도 거추장스럽습니다. 이 법을 안 지키고 살았으면 좋겠는데 왜 꼭 지키면서 살도록 하시는가? 우리 인간은 약자이니, 강자이신 하나님께서 지키라고 하셨으니 율법을 철저하게 지킵니다.

이렇게 율법을 철저히 지키면서 신앙 생활을 하는 것을 율법적 신앙 생활이라고 합니다. 율법적 신앙 생활은 법을 한 가지만 어기게 되어도 큰일이 납니다.

아주 철저히 법을 지키려고 애쓰고, 또 법을 지켜 가면서 신앙 생활을 합니다. 이것을 율법적 신앙 생활이라고 합니다.

율법주의와 율법적 신앙 생활은 다릅니다.

2. 은혜적인 신앙 생활

먼저 하나님의 은혜에 감사합니다.

"주여! 당신이 나를 당신의 자녀로 이 세상에 보내 주시고, 허물과 죄로 죽은 내게 그리스도의 대속을 입히시사, 이토록 하나님의 새생명으로 거듭나게 해주시고, 땅 위에 있는 동안에 구원을 이루라고 법을 주셨으니 감사합니다. 율법은 하나님께서 우리에게 은혜로 주신 것인데 나를 하나님의 자녀인 인간으로 보내주시니 이는 하나님의 은혜입니다. 하나님은 나를 하나님의 자녀로 이 세상에 보내주셨는데도 이 인간이 잘못해서 죄를 지어서 사망에 빠져 버렸습니다. 그러나 죄와 사망에 빠진 것을 그냥 버려두지 아니하시고 그리스도의 대형과 대행과 중보로써 결합을 시켜 하나님의 새 생명으로 거듭나게 해 주셨습니다. 그래서 이제는 한 생명으로 사는 것이 아니고 두 생명으로 살게 되었습니다. 죽을 생명과 죽지 아니할 생명, 이 생명을 가지고 살게 해 주시니 감사합니다."

이것이 곧 은혜로운 신앙 생활입니다.

이렇게 나를 중생시켜 주시는 것으로 당신이 하시는 일이 끝난 것이 아니고, 하나님의 자녀인 나를 그리스도의 장성한 분량에 이르기까지 영적인 성장과 몸의 성화를 입혀 주시기 위해서, 온 전하고 구비하여 조금도 부족함이 없는 자로 만들어주시기 위해서 이 율법을 주셨습니다.

만일 하나님께서 우리에게 율법을 주시지 아니하셨더라면, 우리의 구원은 하나도 이루어지지 않았을 것입니다.

첫번째로 하나님이 율법을 주시지 않았더라면 우리의 구속이 불가능합니다. 예수 그리스도의 구속이 불가능합니다. 왜 불가능합니까? 이 법 때문에 우리가 심판을 받고 지옥으로 가게 된 것이 아니니, 이 법을 부정적으로 보지 말고 긍정적으로 보아야 합니다.

우리가 이 율법을 부정적으로 본다는 말은, 하나님께서 율법을 주시지 않았더라면 우리 인간이 어떤 죄를 지어도 이 세상이 법이 없는 세계이기 때문에 정죄가 안될 것인데, 그러나 하나님께서 율법을 주셨기 때문에 그 율법에서 정죄를 받아 죄값으로 지옥 가게 된다고 말하면 율법을 부정적으로 보는 것입니다.

율법은 결코 우리 인간 구원에 있어서 부정적인 것이 아닙니다. 율법은 어디까지나 긍정적입니다. 하나님께서 모세를 통하여 이 율법을 선포하시지 않았다 할지라도, 이 율법에는 성문율이 있고 불문율이 있습니다.

그리고 하나님의 의지율이 있습니다. 성문율이 선포되기 전에 하나님의 세계에서는 이미 의지율이 있었습니다. 그리고 모든 만물이 창조된 이후에 불문율과 성문율이 생겨났습니다. 대개는 율법을 의지율이나 불문율로는 생각 않고 성문율로만 생각하는데, 이는 모세의 율법을 말하는 것입니다.

그런데 모세의 율법이 없다고 해도 우리 인간이 하나님의 뜻을

생명의 면류관

어기면 그것 때문에 죄가 됩니다. 혹시 죄가 안된다 할지라도 하나님의 말씀을 어겼기 때문에 하나님과 단절이 되어 버립니다. 하나님과의 관계가 끊어져 버립니다. 하나님과 끊어지면 하나님의 세계에 갈 수 없습니다.

또 우리가 선악과를 따먹지 않았다면 다 천국에 갈 뻔했을까요? 천만의 말씀입니다. 선악과를 따먹지 않았어도, 의인이 아니기 때문에 무죄인인 것만으로는 하나님 나라에 들어갈 수가 없습니다. 하나님 나라에 들어가는 것은 죄 없는 사람이면 누구나 다 들어가는 것이 아니고, 그리스도의 구속을 입어야만 가능합니다.

그렇기 때문에, 율법이 없었으면 우리가 죄를 지어도 죄가 안될 것이고, 그래서 죄가 안된다면 죄가 없으니 우리가 천국에 들어갈 것이라고 생각한다면 그것은 오산입니다.

하나님께서 우리에게 율법을 주신 데에는 몇 가지 이유가 있습니다.

첫째로, 우리의 죄의 값을 매기기 위해서 율법을 주셨습니다.

우리 모든 하나님의 택한 백성은, 택한 백성이지만 죄를 지었습니다. 죄의 값은 사망이니 그냥 두면 그 죄값으로 다 지옥갈 수밖에 없으니 죄의 값을 율법으로 매깁니다.

죄값을 매기는 이유는 예수님으로 그 죄값을 지불해 주시기 위함입니다. 그 때문에 율법을 주신 것입니다. 만일 하나님께서 우리를 지옥 보내기 위해서 율법을 내셨다면, 우리의 신앙도 율법적인 신앙이 되고, 우리는 기껏해야 지옥에 가지 않기 위해서 날마다 애를 써야 할 것입니다. 하나님의 계명 또한 기쁘고 단

면류관으로의 초대

마음으로 지키지 못하고 마지 못해서 억지로 지킬 것입니다. 이러한 것은 율법적인 신앙 생활입니다.

그러나 은혜로운 신앙 생활은 율법을 주신 하나님이 감사하게 생각됩니다. 율법도 내게 은혜가 됩니다. 은혜가 되는 첫째 이유는, 법으로써 죄의 값을 매겨서 예수의 피로 그 죄값을 지불해 주시니 감사할 뿐입니다. 주님이 공짜로 지불해 주셨으니 은혜입니다. 그러니 율법이 얼마나 좋은지 고맙고 감사합니다.

둘째로는, 율법을 내신 것은 단순히 죄의 대가를 지불해 주시기 위함만이 아니라, 그 율법을 지킴으로 우리로 하여금 구원을 이루게 하기 위해서입니다.

율법을 지켜야 구원이 이루어지지 율법을 지키지 않으면 구원이 이루어지지 않습니다. 이 때문에 율법을 지킬 때 감사 감격해서 지킵니다.

구원을 이루지 못하면 천국에 가서 만고의 멍청이가 되고 말 뻔했는데, 율법을 주심으로 말미암아 구원을 이루게 되었으니, 율법을 지킬 때에도 감사한 마음으로 고마운 마음으로 지킵니다. 이것이 은혜로운 신앙 생활입니다.

또, 율법에 대해서 익숙해지다 보면 그 법을 내신 입법자를 알게 됩니다. 입법자를 알게 되면 율법 아래 있는 사람이 되지 않고 그 율법을 초월해서 하나님을 섬기게 됩니다. 율법을 초월해서 하나님을 섬긴다는 것은, 하나님을 직접 대면하기 전에는 율법만 가지고 하나님을 섬기던 내가 이제는 거기에 익숙해지면서 율법은 필요없고 직접 하나님을 전심으로 섬기게 된다는 말입니다.

은혜로운 신앙 생활은 이것 해라 저것 해라 해서 하는 것이 아니라 자기가 알아서 하는 것입니다. 하나께서 기뻐하시는 것이 무엇인지를 알아서 척척 해 나갑니다. 이것이 바로 법을 초월한 은혜입니다.

하나님께서는 사무엘을 통하여 사울 왕에게 아말렉 족속을 죽이라고 하셨습니다. 그런데 율법대로 하면 사람을 죽이지 말아야 합니다. 분명히 율법에 "살인하지 말라"고 하신 하나님께서 직접 하신 말씀이 아말렉을 죽이라는 것이었습니다. 그러니 아말렉을 죽이면 여섯째 계명을 범하는 것이요, 아말렉을 죽이지 아니하면 하나님의 명령에 불순종하는 죄가 됩니다. 그러므로 이런 경우에는 계명을 초월해야 합니다.

또 막달라 마리아의 경우 예수님의 머리에 향유를 붓고 머리카락으로 발등을 씻겨 드렸는데, 그런 식으로 주님을 경배한다는 내용이 성경에는 없습니다.

구약성경에 보면 제단에 감람유를 붓고 불을 켜는 것은 있습니다. 그런데 막달라 마리아가 시몬의 집에서 예수님께 했던 것처럼 머리에 향유를 붓고 발등에 눈물을 흘리며 머리카락으로 발등을 씻으라는 것은 성경에 한 구절도 없습니다. 막달라 마리아는 성경에 없는 일을 했습니다. 그러나 막달라 마리아가 성경에 없는 짓을 한다고 해서 예수님께서 야단치지 않았습니다. 오히려 기뻐 받으셨습니다.

예수님은 왜 성경에 없는 일을 했는데도 받으셨습니까?

예수님께서 가르치신 교훈 중에 율법을 두 가지 대강령으로 말씀하셨습니다. 위로는 마음과 뜻과 성품을 다하여 하나님을 사랑하라고 하셨고, 아래로는 네 이웃을 네 몸과 같이 사랑하라고

면류관으로의 초대

하셨습니다. 막달라 마리아는 하나님께서 율법을 주신 목적을 깨달은 것입니다.

이것을 은밀 계시라고 합니다. 막달라 마리아가 그렇게 한 것은 마음과 뜻과 정성을 다하여 하나님을 사랑한 것의 표현이었습니다. 마음으로 사랑한 그 사랑이 행동의 표현으로 나타난 것입니다. 예수님은 그 속의 중심을 보시고 기뻐하셨습니다.

시몬이라는 사람은 바리새인입니다. 그런 만큼 철저하게 성경 구절대로 율법적으로 사는 율법적 신앙인입니다. 그에 비하여 막달라 마리아는 은혜적인 신앙인입니다. 막달라 마리아가 그렇게 했다고 해서 율법을 무시한 것은 아닙니다.

율법주의는 율법을 지켜야만 구원을 얻고 율법을 지키지 못하면 구원을 얻지 못한다고 주장하는 것으로서, 율법적 신앙 생활과는 또 다른 것입니다.

율법은 기본 구원을 얻게 하기 위해서 우리에게 주신 것이 아닙니다. 우리의 구원을 이루라고 은혜로 주신 것이 율법입니다. 율법을 지켜서 기본 구원을 얻으라고 주신 것은 아닙니다. 우리 믿는 성도들은 이미 받은 은혜에 감사 감격해서 날마다 하나님이 주신 성문률과 불문률과 의지율을 지키면서 살아야 합니다. 이렇게 사는 것이 은혜주의 신앙 생활입니다.

은혜로운 신앙 생활을 하는 사람은 내게 생명이 있는 한 "당신만을 섬기겠나이다" 하는 자세를 취합니다. "물질은 원하는 사람에게 주시고 나는 하나님을 기쁘시게 해드리는 것으로 만족하며 살겠습니다." 이것이 성경적인 신앙입니다.

우리의 신앙은 자꾸 성장해 나가야 합니다. 예를 들어, 아브라

생명의 면류관

함이 처음에는 갈대아 우르를 떠나라는 말씀에 순종해서 본토 친척 아비 집을 떠났습니다. 그리고 가나안에 왔습니다. 그리고는 "이제 내가 하나님께서 말씀하시는 것에만 순종할 것이 아니라 이제는 뭔가 좀 알아서 해야겠다"고 합니다.

"사람을 사랑했더니 하나님이 기뻐하시더라. 물질보다는 사건을 더 귀중히 여기고, 사건보다는 사람을 더 귀중히 여기고, 사람보다는 진리를 더 귀중히 여기며 살아야 하겠다. 이것을 하나님이 더 기뻐하시더라. 그러니 하나님이 기뻐하시는 이것으로 나의 생애의 전부를 삼아야 되겠다."

아브라함의 신앙이 성장한 것은 하나님을 기쁘시게 해드리는 것이 자기의 가장 큰 행복이요 영광이라는 것을 안 데 있었습니다. 그래서 하나님을 기쁘시게 해드리는 일이라면 물질까지도 다 포기하는 신앙이 필요합니다. 그래서 롯에게 "물질은 다 네가 가져라. 요단 평야는 네가 가져라!"하면서 아브라함이 "하나님은 내가 섬기겠다"고 한 것입니다. 창세기 13장에 보면 요단 평야는 롯에게 다 양보하고, 소돔성도 롯에게 내줘 버리고 자기는 하나님 한 분만 모시고 헤브론 산골로 올라갔습니다. 이것이 아브라함의 신앙입니다.

그런데 오늘 우리의 신앙은 어떻습니까? 물질이냐, 하나님이냐? 하나님을 기쁘시게 해드리는 것을 네가 가지겠느냐, 물질을 가지려느냐?

남이 볼 때에는 하나님을 기쁘시게 해드리는 것을 가지는 척하다가 물질을 잽싸게 챙깁니다. 물질이라고 하면 그저 눈동자가 휘둥그레집니다. 그리고 하나님을 기쁘시게 해드리는 일에는 어떻게 그렇게 인색한지 모르겠습니다.

면류관으로의 초대

　　이제 우리는 "내게 빈곤이 와도 하나님을 기쁘시게 해드리고, 내게 어려움이 와도 내 정성을 다하여 하나님을 기쁘시게 해 드리겠나이다" 하는 신앙을 가져야 합니다.

　　"주님, 당신이 기뻐하시는 일이라면 내 전재산인 나드향도 주님께 드리고, 제 2의 절개인 머리카락으로도 주님의 발등을 닦아 드리겠나이다."

　　우리 모두 주님을 기쁘시게 해드리기 위해서 모든 움직임을 움직여 나아갑시다. 이것이 은혜로운 신앙 생활입니다.

　　우리 하나님 아버지는 하나님의 자녀인 우리에게 모든 것을 다 주셔도 양에 차지 않습니다.

　　"그래, 네가 의의 면류관을 얻었으니 너는 그것으로 족할지 몰라도, 나는 네게 생명의 면류관도 씌워주고 싶다. 조금만 더 노력하면 생명의 면류관을 획득할 것이니 조금 더 노력해라."

　　썩지 아니할 면류관, 소망의 면류관, 기쁨의 면류관, 자랑의 면류관, 영광의 면류과, 의의 면류관, 6관왕이 되었어도 하나님의 양에는 차지 않습니다. "조금만 더 노력하면 생명의 면류관도 얻을 수 있다. 조금 더 노력해서 7관왕이 되어라" 하십니다.

　　우리가 이런 신앙 생활을 할 때 하나님께서는 시험을 동원시키십니다. 생명의 면류관까지 안겨주시려고 시험을 동원시킵니다. 시험에는 여러 종류가 있습니다. 물질 시험, 사람 시험, 사건 시험, 그저 믿음 지키기 어려운 시험을 자꾸 주십니다. 우리는 이런 여러 가지 시험 중에서도 믿음을 지켜야 합니다.

　　그리고 우리는 시험에서 두 가지 수입을 봐야 됩니다. 시험이 오기 전에는 자기 속에 불결한 것이 들어있는지 알 수 없습니다.

생명의 면류관

그것을 발견해서 뽑지 못하면 생명의 면류관을 쓸 수 없습니다. 자기 속에 있는 불결한 요소가 있는 자에게는 아무리 생명의 면류관을 주어도 고통의 면류관이 됩니다.

그러므로 먼저는 자기 속에 불결한 것을 뽑아야 됩니다. 하나님께서는 시험을 통해 내 속에 불결성이 들어있다는 것을 지적해 주십니다. 이것을 뽑아야 생명의 면류관을 쓸 자격이 됩니다. 소극적인 면에서는 이것을 뽑아야 합니다.

그리고 적극적인 면에서는, 시험이 와서 나를 아무리 괴롭히고 주위에서 나의 험담을 해도 미워하지 않고 사랑만 합니다. 예를 들면, 가룟 유다가 할 일은 예수를 팔아 먹는 일이었습니다. 또 예수님이 하실 일은 십자가를 지시고 인간을 구원하시는 일입니다.

그러면 우리의 할 일은 무엇입니까? 이웃과 형제를 사랑하는 일입니다. 그러면 미워하는 일은 누가 할 일입니까? 이러한 일은 마귀가 할 일입니다. 그런데 자기 할 일만 하면 되지 왜 마귀가 할 일을 합니까? 정신이 나가도 한두 번 나간 것이 아닙니다. 왜 마귀가 할 일을 자꾸 빼앗아서 하느냐는 말입니다.

자기가 할 일만을 하다 보면 자기 실력이 자꾸 커집니다. 믿음의 힘이 자꾸 커집니다. 사랑의 부자가 자꾸 됩니다. 우리에게는 한 가지 시험만 주시는 것이 아니라 여러 가지 시험을 만난다고 했습니다.

그러면 우리가 여러 가지 시험을 만나면 어떻게 해야 됩니까? 2절에 "내 형제들아 너희가 여러 가지 시험을 만나거든 온전히 기쁘게 여기라"라고 했습니다. 우리가 믿음을 지켜 나가려고 하면

면류관으로의 초대

여러 가지 시험이 옵니다. 여러 모양으로 시험이 옵니다.

우리에게 시험이 오는 것은 우리를 손해되게 하려고 오는 것이 아닙니다. 우리에게 유익이 되게 하려고 옵니다. 그러므로 우리는 시험이 올 때에 그것을 시험으로 보지 말고 생명의 면류관으로 보아야 합니다.

그러면, 시험만 오면 생명의 면류관을 받습니까? 어떤 사람이 생명의 면류관을 받습니까? 12절에 "이것에 옳다 인정함을 받은 자"에게 준다고 했습니다. 시험에서 옳다 인정하심을 받아야 합니다.

시험이 오는 것은 불행이 아닙니다. 시험이 많은 것이 오히려 복입니다. 그 이유는 3절과 4절에 "이는 너희 믿음의 시련이 인내를 만들어 내는 줄 너희가 앎이라. 인내를 온전히 이루라. 이는 너희로 온전하고 구비하여 조금도 부족함이 없게 하려 함이라"라고 한 그대로입니다.

우리가 시험을 만났는데 지혜가 없어서 시험을 어떻게 통과해야 할지 모를 때에는 하나님께 기도하면 됩니다.

"하나님이여, 어떻게 해야 이 시험을 이길 수 있습니까?"

기도하면 꾸짖지 아니하시고 후히 주시는 하나님께서 주시니 기도하라는 말입니다. 물론 자기가 깨달아서 기도할 필요가 없는 것은 그대로 밀고 나가면 됩니다. 그러므로 한 가지 시험보다는 두 가지 시험이 더 복되고, 두 가지 시험보다는 다섯 가지 시험이 더 복됩니다.

그러면 시험이 오면 기쁨이 옵니까, 근심이 옵니까? 여러분들에게 시험이 오면 시험으로 보지 말고 복으로 보고 생명의 면류관으로 보면 된다고 말씀하셨습니다. 그래서 12절에서 이렇게 말

생명의 면류관

쓰하셨습니다.

"시험을 참는 자는 복이 있도다. 이것에 옳다 인정하심을 받은 후에 주께서 자기를 사랑하는 자들에게 약속하신 생명의 면류관을 얻을 것임이니라."

주님을 사랑함으로 주님을 섬기는 자에게 주신다고 약속되어 있는, 마련되어 있는, 예비되어 있는 금면류관을 주시기 위해서 우리에게 시험을 주시는 것이니, 시험이 오면 먼저 내 속의 불결성을 찾아서 뽑아야 됩니다. 내 속에 있는 약점, 내 속에 있는 불순종, 이것들을 뽑아야 됩니다. 시험을 통해 내 속의 불순성을 뽑으려고 애를 쓰다가 안 뽑아지면 그 때에는 적극적인 신앙 생활을 해야 합니다.

면류관을 바라보고 주님을 기쁘시게 해드리는 일을 하려고 애를 씁니다. 형제를 사랑하고, 주님 앞에 봉사 충성하고, 내가 할 일을 열심히 합니다. 믿음을 지켜 나가는 것, 구원을 이루어 나가는 일을 계속하다 보면 자기 속에 있는 불결성이 어느새 녹아져 버립니다.

일을 해야 할 사람이 놀고 있으면 잔병이 생깁니다. 그러나 웬만한 잔병은 자기가 할 일을 하면 없어져 버립니다. 생명의 면류관을 얻기 위해서 노력하면 아픈 줄도 모릅니다. 일심 전력으로 생명의 면류관을 바라보고 질주해 나가면 아픈 데가 없는데 벌써 어디 아프다, 어디 아프다 하는 사람은 말씀을 안 들었다는 증거입니다. 가롯 유다는 마귀가 할 일을 자기가 하고 나서 속이 상해서 나중에는 목매 죽고 말았습니다.

우리의 할 일은 무엇입니까? 이웃을 사랑하고, 전도하고, 봉

면류관으로의 초대

사하고, 충성하는 것입니다. 맥박이 정지될 때까지 일심 전력으로 내 할 일만 해 나가면 아픈 데가 없습니다. 원수를 미워할 새가 없습니다. 무엇에 욕심을 부릴 사이가 없습니다. 그러므로 우리는 적극적인 신앙 생활을 해야 합니다. 공격은 수비의 제1순위입니다. 최고의 수비는 공격입니다.

이와 같이, 오늘 우리의 신앙 생활은 공격적인 신앙 생활이어야 합니다. 우리가 내 할 일을 찾아서 부지런히 시간을 낭비하지 않고 해 나가면, 여기서 우리가 생명의 면류관을 얻게 된다는 것을 명심하시기 바랍니다.

생명의 면류관

9

생명의 면류관

"서머나 교회의 사자에게 편지하기를 처음이요 나중이요 죽었다가 살아나신 이가 가라사대 내가 네 환난과 궁핍을 아노니 실상은 네가 부요한 자니라 자칭 유대인이라 하는 자들의 훼방도 아노니 실상은 유대인이 아니요 사단의 회라 네가 장차 받을 고난을 두려워 말라 볼지어다 마귀가 장차 너희 가운데서 몇 사람을 옥에 던져 시험을 받게 하리니 너희가 십일 동안 환난을 받으리라 네가 죽도록 충성하라 그리하면 내가 생명의 면류관을 네게 주리라 귀 있는 자는 성령이 교회들에게 하시는 말씀을 들을지어다 이기는 자는 둘째 사망의 해를 받지 아니하리라."

요한계시록 2 : 8-11

지난 시간에 배운 생명의 면류관은 사람이 시험을 통과하여 받는 면류관이었으며, 이 시간에 말씀드리는 생명의 면류관은 죽도록 충성하는 종들에게 주시는 면류관입니다.

우리가 갈 천국은 차등성이 있는 천국입니다. 잘 믿었든 못 믿었든 천국에만 들어가면 동등하다고 생각하면 잘못입니다. 천국은 비격차성도 있지만 격차성도 있습니다.

1. 천국의 비격차성

잘 믿어도 천국 가고 못 믿어도 천국 갑니다. 이면에 있어서는 천국에는 차등이 없습니다.

영생권에 있어서도 차등이 없습니다. 잘 믿은 사람도 천국 가서 영원히 영존하고, 못 믿은 사람도 천국에 가서 영원히 영존합니다.

하나님의 자녀권에 있어서도 차등이 없습니다. 잘 믿은 사람도 하나님의 아들이요, 잘못 믿은 사람도 하나님의 아들입니다. 하나님의 아들이라는 자녀권에 있어서는 동등합니다.

자유권에 있어서도 차등이 없습니다. 예수 잘 믿은 사람도 천국에서는 자유요, 예수 잘못 믿은 사람도 천국에 가서는 자유합

생명의 면류관

니다. 자유성에는 격차가 없습니다.

2. 천국의 격차성

그러나 천국이라는 것은 격차의 세계이기도 합니다.

마태복음 5장 19절에 보면 "그러므로 누구든지 이 계명 중에 지극히 작은 것 하나라도 버리고 그같이 사람을 가르치는 자는 천국에서 지극히 작다 일컬음을 받을 것이요, 누구든지 이를 행하며 가르치는 자는 천국에서 크다 일컬음을 받으리라"라고 했습니다.

누가복음 19장에 보면, 어떤 임금이 타국에 갈 때 종들을 불러다가 한 사람에게 한 므나 (은전의 수량)씩 주었습니다. 여기서 한 므나는 곧 믿음입니다. 신앙에도 기본 신앙이 있고 보충 신앙이 있습니다.

기본적인 신앙에서 보면 똑같은 한 므나씩 주었습니다. 임금이 한 므나씩 주면서 그것으로 장사해서 남기라고 했습니다. 그런데 장사해서 나중에 임금이 돌아왔을 때 한 사람은 열 므나를 가지고 왔고, 한 사람은 다섯 므나를 가지고 왔고, 또 다른 사람은 본전만 가지고 왔습니다.

한 므나로 장사를 해서 남겨 온 종들에게는 "착한 종이여, 네가 지극히 작은 것에 충성하였으니, 몇 고을 권세를 차지하라"고 했습니다. 그리고 본전을 그대로 가지로 온 종에게는 "악하고 게으른 종아, 너는 네 주인이 헤치지 않은 데서 모으고 뿌리지 않은 데서 거두는 노랭이인 줄 알았더냐? 차라리 네가 이 돈을 내가 돌아올 때까지 은행에 넣어 놓았으면 최저 은행 이자라도 붙어

면류관으로의 초대

나올 것이 아니냐? 왜 이것을 수건에다 싸가지고 땅에 묻어 놓았다가 본전만 가지고 왔느냐?"라고 꾸짖으며, 그 종에게서 그것마저 빼앗아 버렸습니다.

열 므나 남긴 사람은 열 고을을 차지했고, 한 므나도 못 남긴 사람은 그 있는 것까지 빼앗겼고, 빼앗긴 그것은 열 므나 남긴 사람에게 보태지고 말았습니다.

게으른 종은 이제 한 므나도 없습니다. 그러니 누릴 것이 하나도 없습니다. 열 므나 남긴 사람은 기본 한 므나와 빼앗아서 준 므나를 합해서 12고을을 차지하게 되었는데, 이런 자와 한 고을도 없는 사람이 같을 수는 없습니다.

그러면 여러분들은 천국에 들어가서 12고을을 차지하는 사람이 되고 싶습니까, 기본적인 한 고을 그것마저 빼앗기는 그런 사람이 되고 싶습니까? 이처럼 천국에는 격차성이 있는 것입니다. 수고를 많이 한 사람과 수고하지 않은 사람에게 똑같이 대우하는 것은 공정한 대우가 아닙니다. 물론 성경에 보면 아침부터 와서 일한 사람과 더 늦게 와서 일한 사람이 똑같은 대우를 받은 경우도 있지만, 그것은 기본 구원을 말하는 것입니다.

기본 구원은 어렸을 때 믿었든 중년기에 믿었든, 나이가 많아서 믿었든 죽을 무렵에 믿었든, 어쨌든 예수 믿으면 하나님의 아들이 되고 천국에 들어가는 것은 똑 같다는 것을 가리키는 것입니다.

그러므로 천국에는 비격차성도 있지만 절대적으로 격차성도 있습니다.

큰 자가 있고 작은 자가 있습니다. 열두 고을을 차지한 사람이 있고, 한 고을도 차지하지 못한 사람도 있습니다. 생명의 면류관을 얻은 사람도 있고, 얻지 못한 사람도 있습니다.

생명의 면류관

죽도록 충성하는 자에게는 생명의 면류관을 준다고 했습니다. 천국에는 격차성이 있는 것이 확실합니다.

이런 식으로 말할 때, 자유성에 있어서는 오해가 있을 수 있습니다. 천국은 자기 마음대로 사는 곳입니다. 그러나 자유는 자기 실력의 제재를 받습니다. 자기 실력에는 제재를 받지만 어떤 대외적인 객관의 세력에는 제재를 받지 않습니다.

모든 것은 자기가 구원을 이루어 놓은 정도만큼 인격이 형성되고, 지각이 형성되고, 지능적으로, 기능적으로 성장을 합니다. 또 이성과 몸의 성화를 이루어 나갑니다.

우리가 갈 천국은 절대 자유가 보장되어 있는 곳입니다. 그러나 아무리 자유가 보장되어 있어도 자기 생각이나 지식이 그 면에 도달하지 못하면 그 자유를 누릴 수가 없습니다.

이 세상에는 많은 시설물들이 있습니다. 그러나 어린아이는 그 모든 시설들을 다 사용하고 즐길 수가 없습니다. 예를 들어, 서울 대공원에 집안 식구들이 다 갔습니다. 갓난아이, 중학생, 고등학생, 대학생, 자기, 아버지, 어머니도 갔습니다. 그곳에서 얼마든지 자기 마음대로 사용하고 즐길 수 있지만, 갓난아이는 사용하지도 즐기지도 못합니다.

그 이유는, 갓난아이는 그것에 대한 지식이 없기 때문입니다. 또 저것을 하면 좋은지 나쁜지 그것도 모릅니다. 갓난 아이는 육체도 어리고 지식도 어리기 때문에 그렇습니다.

우리도 마찬가지입니다. 우리의 신앙이 갓난아이와 같으면 좋은 것도 모르고 나쁜 것도 모릅니다.

예를 들어, 오디오에서 아주 좋은 음악이 흘러나옵니다. 음악적 소질이나 음악적 지식이 풍부한 사람은 눈을 지긋이 감고 황홀

면류관으로의 초대

경에 빠집니다. 그러나 음악에 대한 지식이나 감각이 둔한 사람은 꺼 버릴 것입니다. 만고의 멍청이입니다. 그런데 우리가 천국에 가면 아마 만고의 멍청이가 수두룩할 것입니다. 천국의 격차성을 모르는 사람이 천국에 가면 그렇게 천국이 좋은 줄을 모릅니다. 그러니 만고의 멍청이입니다. 천국에서의 격차는 어떤 외래적인 객관성에 의한 격차보다는 자기 자체에서 오는 격차입니다.

하나님은 절대로 당신의 자녀들에게 상후하박이 없으십니다. 하나님은 우리 인간에게 차별 대우를 하지 않습니다. 똑같이 대우해 주십니다. 하나님께서는 똑같이 대우해 주시는데도 받는 사람에 따라 차등이 생겨 버립니다.

제가 여기서 말씀을 전하지만 들을 자유는 여러분 모두에게 있습니다. 말씀을 들을 수 있는 절대 자유는 여러분들에게 보장되어 있습니다. 그런데 똑같은 자리에서 똑같은 설교를 들으면서도 어떤 분들에게는 양식이 되고 어떤 분들에게는 양식이 안되는데, 여러분들에게 달려 있습니다.

잔칫집에 가서도 그렇습니다. 한 상 잔뜩 차려오면 어떤 사람은 과일이 맛있다고 과일만 먹는 사람이 있고, 어떤 사람은 떡만 먹는 사람이 있고, 어떤 사람은 술만 들이키는 사람이 있습니다.

오늘 우리도, 똑같은 성도이지만 썩을 면류관에 대해서 이야기를 하면 귀가 쫑긋하고 은혜가 된다며 "아멘, 아멘"하는 사람이 있는가 하면, 어떤 사람은 설교가 유치하다고 하는 사람도 있습니다. 주의 고난에 참예하는 것이 얼마나 영광인지를 증거하면 "아멘, 아멘"하는 사람도 있습니다.

설교하는 사람은 설교를 할 때 상후하박이 없이 똑같이 합니다. 그리고 받아들이는 여러분들에게는 받아들이는 데 절대 자유성이 보장되어 있습니다. 자기가 만들어진 정도에 따라, 자기가 진리의 말씀대로 인격화되고 자체화되고 실상화됨에 따라 정도가 달라지는 것입니다.

천국도 똑같습니다. 우리가 천국에 들어가면 똑같이 기쁠 줄 알지만, 구원을 잘 이룬 사람은 기쁨의 양이 강하고 구원을 이루지 못한 사람은 만고 멍청이가 됩니다.

이와 같이 오늘 우리도 이 세상에서 천국은 그런 곳이라는 것을 알고 부지런히 구원을 이루어 나가야 한다는 것을 명심하시기 바랍니다.

천국의 격차성이라는 것은 하나님께서 차별 대우를 하시기 때문에 생기는 것이 아니고 천국이 우리를 차별 대우하는 것도 아닙니다. 다만 자기의 실력이 차등을 느낍니다. 자기의 만들어진 정도가 다르게 느껴지는 것입니다.

절대 자유는 보장되어 있지만 자기 지혜 지식의 수준대로 누리고 느낄 수 있습니다. 시혜자의 입장에서는 차별이 없습니다. 사랑을 베푸는 입장에서는 똑같이 사랑을 하시지만, 자기 정도에 따라서 그 사랑을 받아들이는 데 차별이 생깁니다. 하나님께서 누구는 더 사랑하고 누구는 덜 사랑하는 것이 아닙니다. 하나님께서는 백퍼센트 우리를 사랑해 주시는데, 나는 내 실력 정도밖에 주님의 사랑을 느끼지 못합니다. 구원을 전혀 이루지 못한 사람은, 주님은 그를 사랑해 주시는데도 그는 주님의 사랑을 느끼지 못합니다.

오늘 본문에서 생명의 면류관은 누가 얻습니까? 지난 시간에는 시험을 다 통과하고 이긴 그 사람에게 주신다고 했습니다. 본문에 기록된 면류관도 같은 면류관인 것 같지만 죽도록 충성하는 사람에게 주시는 생명의 면류관입니다.

1. 충성의 대상인 우리가 충성을 하는 데 있어서도 충성의 대상을 바로 찾아야 합니다. 우리의 충성의 대상은 하나님입니다. 주님입니다.

2. 어떻게 충성해야 합니까? 죽도록 충성해야 합니다. 우리가 충성할 때 단면적이기보다 다양하게 충성을 해야 합니다. 여기에서 생명의 면류관을 얻게 되는 것입니다.

서머나 교회에서 자칭 유대인이라고 하는 자들이 일어났습니다. 그들은 실상은 "사단의 회"라고 했습니다. 이들이 일어나서 교회를 핍박합니다. 이들이 주님의 몸된 교회를 핍박하니 내가 가로막습니다. 그들의 핍박을 내가 가로막다가 죽었습니다. 이것이 바로 죽도록 충성하는 것입니다.

진정한 충성에는 자기 몸을 아끼는 법이 없습니다. 진정한 충성은 아무리 어려운 것도 고역이 되지 않습니다. 진정한 충성은 충성을 해 본 사람만이 알 수 있습니다. 억지로 하는 것은 피동적 충성입니다. 하라고 해서 충성하는 것은 진정한 충성이 아닙니다.

하나님 앞에 충성할 기회가 주어졌을 때 자원해서 기쁨으로 하는 것, 이것이 진정한 충성입니다.

우리의 신앙의 단계가 올라가서 죽도록 충성을 해보면, 충성하는 그 재미는 해본 사람만 알 수 있습니다. 우리가 말로 듣기에는 충성을 하면 얼마나 힘이 들겠느냐 하겠지만, 주님 앞에서 충성하는 그 재미, 충성하는 그 맛, 그 쾌감, 그 즐거움은 이루 말할 수 없습니다.

우리가 말로 듣기에는 충성은 고역이고 힘들고 못견딜 것 같지만, 실제로 충성을 해보면 그렇게 기쁘고 즐거운 것이 없습니다. 만일 이런 사람에게 "너는 충성을 그만 두라" 하면, "나는 충성을 하지 않고는 못산다"고 말할 정도입니다. 세상 사람들이야 세상 사는 재미로 살겠지만, 나는 주님 앞에서 충성하는 낙으로 살고, 충성하는 재미로 산다는 고백을 합니다.

3. 충성의 구분

1) 강제 충성

북한 주민들이 김정일에게 충성하는 충성은 강제 충성입니다. 자기는 하고 싶지 않은데도 하라고 해서 하는 충성입니다.

2) 맹목적인 충성

맹목적인 충성은, 남들이 충성하니까 그저 나도 충성해야겠다고 해서 하는 충성입니다. 이 충성은 무지해서 진리 지식을 모르고 하는 충성입니다. 이 충성은 아무 재미도 느끼지 못하고, 충성하는 기쁨도 느끼지 못하면서 그저 "하는가 보다"하며 하는 충성입니다.

3) 시은적(施恩的)인 충성

이 충성을 우리가 조심해야 합니다. 시은적인 충성은 자기가 충성을 한다고는 하지만 주님 앞에서 시은자가 되어진다는 말입니다.

예를 들면, 다른 교회에서 충성 잘하던 돈푼이나 있는 사람이 김○○ 목사님이 시무하시는 교회에 왔습니다. 목사님을 보니까

면류관으로의 초대

검정 고무신을 신고 있지, 옷을 입은 것을 보니까 광목에 시커먼 물을 들여서 입고 있지, 목사님이 구두도 못 신고 양복도 못 입고 넥타이도 못하고 있으니 가련하다는 생각이 듭니다.

목사님은 구두를 못 신은 것이 아니라 사치를 피하고자 신지 않고 있는 것뿐인데 자기가 보기에는 경제 능력이 없어서 못 신고 있는 것으로 압니다. 그런 마음에서 목사님에게 자신과 어디 좀 같이 가시자고 했습니다.

목사님께서 그 이유를 물으셨습니다. 그래서 사실대로 말씀을 드렸다고 합니다. 자기가 볼 때에는 가난하고 못사는 목사님을 내가 잘해 드려야겠다는 마음에서 그렇게 했습니다. 이런 것이 시은적인 충성입니다.

4) 참 충성

그런데 그 목사님은 무엇을 함부로 해 가지고 가면 야단만 맞았다고 목사님께 무엇을 하려면 반드시 승락을 받아야 했다고 합니다. 자기가 아무리 무엇을 하고 싶어도 안된다고 하면 그것으로 끝나는 것입니다.

두 번 세 번 간청을 했다가는 "당장 나가라"고 야단을 쳤다고 합니다. 그래서 그 사람이 처음에는 실패하고, 그래도 무엇인가를 해드리고 싶어서 또다시 갔습니다. 또 실패했습니다. 그래서 그 다음에 또 갔습니다. 그래도 야단만 맞았습니다. 그렇게 하기를 열번째까지 야단을 맞았습니다.

열한번째 또 갔습니다.

"목사님, 이번에는 꼭 허락해 주십시오."

"그렇게 소원입니까?"

"소원입니다. 물론 목사님의 적성에는 안 맞을 줄 아나 제 소원이니 들어주십시오."

마침내 허락을 받아 해 드렸습니다. 목사님의 마음을 읽었습니다. 그래서 해 드리면서 "받아 주시니 감사합니다" 했습니다.

이것이 참 충성입니다. 나 같은 하찮은 존재가 주님의 일을 수종들게 해주시니 감사합니다. 이런 마음으로 하는 것이 참 충성입니다.

그런데 대개는 이런 충성보다는 시은적인 충성이 더 많습니다. 주님의 일을 내가 도와드렸다고 하는데, 잘못하면 우리는 시은자의 입장에 서게 됩니다.

그러므로 우리는 참 충성을 해야 합니다. "그저 주님의 은혜에 감사 감격해서 허락해 주시니 감사합니다"하는 뜻으로 충성을 해나가다 보면, 또 충성하게 되고 그저 충성하는 재미로 삽니다. 그래서 그 충성 때문에 죽음이 와도 하겠다고 하는 이것이 죽도록 하는 충성입니다.

하나님은 이렇게 죽도록 충성하는 사람에게 생명의 면류관을 씌워 주십니다.

면류관으로의 초대

금 면류관

“이 일 후에 내가 보니 하늘에 열린 문이 있는데 내가 들은
바 처음에 내게 말하던 나팔소리 같은 그 음성이 가로되 이
리로 올라오라 이 후에 마땅히 될 일을 내가 네게 보이리라
하시더라 내가 곧 성령에 감동하였더니 보라 하늘에 보좌를
베풀었고 그 보좌 위에 앉으신 이가 있는데 앉으신 이의 모
양이 벽옥과 홍보석 같고 또 무지개가 있어 보좌에 둘렸는데
그 모양이 녹보석 같더라 또 보좌에 둘려 이십사 보좌들이
있고 그 보좌들 위에 이십사 장로들이 흰 옷을 입고 머리에
금 면류관을 쓰고 앉았더라.”

요한계시록 4 : 1-4

오늘은 금 면류관에 대해서입니다. 4절에 "또 보좌에 둘려 이십사 보좌들이 있고 그 보좌들 위에 이십사 장로들이 흰 옷을 입고 머리에 금 면류관을 쓰고 앉았더라"라고 했습니다.

우리의 기존 지식으로는 이 금 면류관은 장로들만이 쓰는 면류관인 줄 알기 쉽습니다. 또 어떤 사람은 구약 시대의 열두 지파의 대표들만이 쓰고, 또 신약 시대에 열두 사도들만이 쓰는 그런 면류관으로 생각하고 있습니다.

그러나 그런 역사적인 배경만 가지고 가르치는 것은 바른 가르침이 아닌 줄 우리가 알아야 합니다.

'예수님께서 가시 면류관을 쓰시지 않았더라면 우리는 어떻게 되었을까?'

우리의 일반적인 생각은, 예수 그리스도의 피 공로로 구속함을 입었으면 모든 고통은 제거될 것이라고 생각할 수 있습니다.

제가 여기서 말씀드리고자 하는 것은 육적으로 느끼는, 육의 고통을 느끼는 것을 말하는 것이 아닙니다. 죄로 말미암아 오는 고통은 심령으로 오는 고통입니다. 죄를 짓고 나면 심령이 편안하지 않습니다.

우리 인간에게는 육신으로 느끼는 고통이 있고, 마음으로 느끼는 고통이 있고, 영으로 느끼는 고통이 있습니다. 육의 고통이 없다고 해서 자기에게는 고통이 없는 것으로 생각해서는 크게 착각하는 것입니다.

우리 인간 속에는 누림성이 있습니다. 누림성이라는 말은 단순히 누리고 싶은 마음을 두고 하는 말이 아닙니다. 누림성에도 또한 육의 누림성이 있고, 마음의 누림성이 있고, 영의 누림성이 있습니다.

육의 누림성은 오관을 통해, 육적 감각을 통해 누리므로 좋습니다. 좋은 그것이 누림성입니다. 헐벗던 몸에 좋은 고급 옷을 입어 보니까 웬지 기분이 좋습니다. 이것이 다 누림성입니다. 또 초라하게 살다가 초호화판 시설을 해놓고 그 가운데서 살아보니 마음에 좋고 편리합니다. 이것은 다 누림성입니다.

우리 인간 속에는 누구에게든지 누림성이 있는데, 이 누림성을 이분하면 육의 누림성과 영의 누림성입니다. 하나님께서 인간을 육의 누림성이 없는 존재로 짓고 영으로만 누리도록 영의 누림성 있는 자로 지었더라면 우리가 몇 가지 죄는 짓지 않을 수 있었을 텐데, 그렇지 않고 우리에게 육의 누림성도 주셨기 때문에 육신이 누리려고 하다 보니 여러 가지 죄를 짓게 됩니다.

죄에는 실범적인 죄(실질적으로 행동으로 한 죄)가 있고, 심범적인 죄가 있습니다. 내가 실지로 죄를 범하지는 않았어도 마음에 품고 있었다면 이는 심범죄입니다. 그래서 심범죄를 다른 말로 "무형성적인 죄"라 합니다.

또 죄가 아닌 것 같은데 죄가 되는 것도 있습니다. 성경이 가르치는 대로 보면 선한 일을 알고도 행치 않는 것은 죄라고 했

면류관으로의 초대

습니다. 내가 행동으로 죄를 짓지도 않았고 마음으로 남을 미워하거나 욕하지도 않았는데 선을 알고도 행하지 않는 것이 죄라고 했습니다.

이것은 무슨 죄입니까? 자기가 진리를 배워서 그대로 살지 않고 그대로 행하지 않은 죄입니다. 진리를 배워서 마음에 품고 마음에 가졌던 것을 행함으로 옮겨야 하는데 이것을 실행하지 못하였기 때문에 죄입니다.

그러면 왜 우리가 이런 죄를 짓게 됩니까? 죄를 짓는 모든 것은 우리 인간 속에 있는 누림성 때문에 그렇습니다.

육적인 이스라엘 종교 말년인 예수님 당시에는 전통적인 바리새 교단이 있었습니다. 종교적으로, 신앙적으로는 자타가 공인하고 있는 교단이 바리새 교단입니다. 바리새 교단은 전통을 자랑했고, 신앙적으로도 정통입니다. 또 준법 생활이나 의식과 제도도 아주 정통적이요, 자타가 그렇게 공인하고 있었습니다.

그런데 예수님께서는 왜 그런 조직 속에 들어가서 활동하시지 않으시고 당신이 단독적으로 활동을 했습니까? 예수님의 제자들도 그렇게 정통적이며, 전통적이며, 보수적이며, 준법적인 바리새 교단에 속하여 얼마든지 활동을 할 수 있는데 왜 그렇게 활동을 하지 않았습니까?

그때 당시에는 예수님의 하시는 일은 비신앙적이요, 비율법적이요, 완전히 탈선한 것으로 보였습니다. 그러나 현재가 과거가 되고 과거가 현재가 된 오늘에 볼 때에, 그 당시에 자랑하고 자타가 공인했던 바리새 교단이 잘못되었지 예수님이 잘못된 것이 아닙니다.

금 면류관

그때 당시에 예수님이 잘못된 것은 하나님의 척도에서가 아니라 인간의 척도에서 볼 때 잘못된 것이었습니다. 그러니까 그때 당시에 바리새 교단에서 볼 때에는 예수님이나 예수님을 따라다니는 제자들에게는 구원이 전혀 없고 사망 길만 있는 것 같았습니다. 그때 당시에는 사회적으로도 바리새 교단에서 하는 것이 정통적이고 조직적이고 옳다고 여겼습니다. 아마 9대 1정도로 예수님이 하시는 일이 틀렸고 바리새인들이 하는 일이 생명의 길이요, 그것이 구원의 길이라고 생각했을 것입니다.

그러나 그 속에 들어가 볼 때에, 예수님께서 보실 때에는 참으로 형편없습니다.

무엇이 성전입니까? 시은소(施恩所)와 수은소(受恩所)가 성전입니다. 우리 인간에게 있는 모든 불결한 것을 하나님을 만나서 제거하고, 하나님이 베푸시는 은혜를 받는 곳이 바로 성전입니다. 하나님께서 은혜를 베푸시는 곳이 성전이니 시은소요, 하나님의 백성들이 하나님으로부터 은혜를 받아야 하는 수은소입니다.

그러면 하나님을 만나서 하나님의 뜻을 찾고, 하나님의 뜻대로 살아나가고, 하나님의 성품을 입어 나가고, 하나님의 성격을 자체화, 실상화, 인격화시켜 나가는 곳이 성전이었는데, 예수님이 보실 때 성전이 성전 구실을 못했습니다.

요한복음 2장에 보면 성전을 "장사하는 집"이라고 했습니다. 어쩌면 육적인 이스라엘 종교 말년과 영적인 이스라엘 종교 말년은 너무나도 흡사합니다.

예수님께서 성전을 보시고 장사하는 집이라고 했는데, 그러면 무엇을 장사했습니까? 하나님의 이름을 팔아서 장사했습니다.

면류관으로의 초대

하나님께 제물을 바친다하는 그런 미명하에 그곳에서 장사를 했습니다.

그러면 성전에서 무엇이 판을 치며 돌아가고 있습니까? 진리가 판을 치고 돌아가는 것이 아니라, 선이 판을 치고 돌아가는 것이 아니라, 돈이 판을 치고 있었습니다. 제사장들은 이스라엘 백성들을 바로 가르치는 데 힘쓰는 것이 아니라, 제물이 들어오는 데 온 신경을 쓰고 있었습니다.

인간이 보기에는 제물의 합격품을 위하여 양을 팔고, 소를 팔고, 염소를 팔고, 돈을 바꾸고 하는 그것이 선인 것처럼 보입니다. 외형상으로 보면 가급적이면 불합격품보다 합격품을 하나님 앞에 바치는 것이 선이고, 속된 로마인들의 화폐를 하나님의 성전에 갖다 바치는 것보다는 거룩한 유대인들의 돈을 갖다 바치는 것이 훨씬 더 거룩해 보였습니다.

그래서 결국 그것을 합리화시켜 나갑니다. 그것이 외형상으로는 합리화가 되었지만, 제사장들의 저의는 돈을 벌겠다는 것이었습니다. 그래서 그 당시 대제사장들은 고급 생활을 했을 것입니다.

그런 그 성전에 주님께서 들어가셔서 "하나님 앞에 예배드리는 곳인데 어찌하여 너희들은 장사하는 집으로 만들었느냐?" 하시다가, 나중에는 강도의 소굴이라고까지 말했습니다. 그들이 날강도라는 말입니다.

구약의 조직적인 이스라엘도 그랬습니다. 육적인 이스라엘 종교 말년과 같이 지금 현실 교회에서도 그런 면을 많이 볼 수 있습니다. 이런 것을 우리는 잘 볼 줄 알아야지 이것을 잘 볼 줄 모르면 자기도 모르는 사이에 그 죄에 말려듭니다.

죄에는 실범과 심범과, 선을 알면서도 행하지 않는 죄가 있습

금 면류관

니다. 옳은 진리를 배워 가지고 진리대로 행하지 않는 것은 죄입
니다. 자기가 말씀을 듣기는 들었는데 말씀을 들은 그대로 살지
못했습니다. 이것도 죄라고 말씀했습니다. 이것은 시은(施恩) 거
부죄입니다.

성경에 예수님께서 "말로 인자를 거역한 죄는 사함을 받을 수
있으나 성령을 거역한 죄는 금생과 내세에도 사함을 받지 못한다"
고 했습니다.

죄에는 첫째, 실범죄가 있고 둘째, 심범죄가 있으며, 셋째, 시은
거부죄도 있습니다. 이 가운데서 사함을 받지 못하는 죄는 시은
거부죄입니다. 배우기는 배웠는데, 듣기는 들었는데 그대로 살지
못했으니 이는 사함을 받지 못할 죄를 지은 것입니다.

여기서 사함을 받지 못한다는 말은 지옥간다는 말은 아닙니다.
그러면 죄사함받지 못하고도 지옥에 안 갈 수도 있습니까? 논
리적으로는 그렇게 볼 수도 있습니다.

여기서 금생에 사함을 받지 못한다는 말은, 내가 말씀을 듣기는
들었고 또 옳다고 인정도 했지만 막상 그렇게 살려고 하니 어려워
그렇게 살지 못하는 경우입니다. 받은 말씀대로 살지 못하게 하는
것은 내 속에 있는 거짓된 자기입니다.

이는 누리고 싶은 누림성입니다. 이 누림성이 "나"라는 나를
전적으로 망쳐 놓습니다. 이래도 천국 가고 저래도 천국 가고,
이미 얻어 놓은 천국이니 이왕이면 좀 잘먹고, 잘입고, 잘살고,
행복하고 호화롭게 살다가 가는 것이 좋지 않겠는가? 이런 생
각이 우리 속에 깔려 있습니다. 그 누림성 때문에 내가 진리대로
걸어가지 못하고 있습니다.

‘내가 이 진리대로 걸어가면 나는 고립된다. 고립되면 어떡할까? 또 누리지 못하면 어떡할까?’

진리를 듣기는 많이 들어서, 속에서는 들은 진리가 이렇게 하자고 하는데도, 자기의 누림성은 내가 진리대로 걸어가면 이 세상에서 누리지 못하고, 이 세상에서 고립되고, 이 세상에서 영광 받지 못한다는 그것과 자꾸 싸우게 됩니다. 그래서 결국은 시은 거부죄를 짓게 됩니다.

그러므로 금생과 내세에 사함을 받지 못한다는 말은 지옥간다는 말이 아니고, 자기가 시간 시간 하나님께서 주시는 환경 속에서, 현실 속에서 적극적으로 그 말씀대로 살았으면 이룰 수 있었을 구원을 영원히 놓치게 되고 말았다는 뜻입니다.

시간마다 하나님께서 주시는 환경과 사건 속에서 적극적으로 그 말씀대로 살면 구원을 이루어 자기의 영성을 성장시키고, 이성과 몸의 성화를 입고, 자기가 자기를 그리스도의 장성한 분량에 이르기까지 성장시키고, 자기의 영적 실력을 배양해서 신령 세계에서 누릴 수 있는 자가 될 것입니다.

하나님께서는 신령 세계에서 누릴 수 있는 실력 배양을 할 수 있도록 하나님의 종들을 통해 진리의 말씀을 주시는데, 그 진리의 말씀을 귀로 듣기는 들었지만 자기 속에 있는 누림성 때문에 그대로 생활하지 못하는 경우가 있습니다.

자기 속에 진리대로 살지 못하게 하는 이 누림성은 영의 누림성이 아닙니다. 내 속에 중생한 영이 누리는 것이 아니고, 본래 인간의 타락성과 오염성은 육이 누리는 누림성입니다.

저와 여러분들 속에는 이런 누림성이 다 있습니다. 누리고 싶은

금 면류관

마음도 있고, 또 그것을 실제로 누려 보면 좋기도 합니다. 사람이 잘못된 길로 빠지게 되면 다시 회복되기가 얼마나 어려운지 모릅니다. 오늘 우리는 아직도 사람이 덜 되어서 자꾸 그런 누림성이 생깁니다.

오직 진리만 추구하고 천국만 사모하며 나아가는 그런 분위기 속에서는 그것을 못하고 있다가, 고삐를 풀어 놓으면, 장소가 달라지고 분위기 달라지고 술이나 마시고 춤이나 추는 그런 것을 좋아하는 사람들이 모인 곳에 가면 그들처럼 그 길로 돌아갑니다. 같이 돌아가니 재미가 있습니다.

이렇게 우리의 누림성은 강해서, 이 세상에서 육신으로만 누려 버리면 앞으로 영이 누릴 것이 없어집니다. 이것은 영과 육의 싸움에서 육이 이긴 것입니다. 영이 졌습니다. 이렇게 진리를 많이 듣고 많이 배워도 환경이 달라지면 그렇게 되는 수도 있습니다. 어떤 때에는 보면 기절 초풍을 할 정도입니다.

우리가 이 말씀을 듣고도 그 말씀대로 걸어가지 못하는 죄가 시은 거부죄입니다. 이 죄는 금생과 내세에 사함을 받지 못합니다.

금생과 내세에 사함을 받지 못한다는 말은 다음과 같은 뜻입니다. 예를 들어서, 성령님이 이미 내 속에 옳고 그른 판단을 내릴 수 있도록 진리를 듣고 배워서 알고 있는데, 그래서 그대로 살려고 했는데 누리고 싶은 마음 때문에 그렇게 살지 못하는 바로 그 경우입니다.

하나님께서 진리를 가르쳐 넣어주고 진리를 깨닫게 한 다음에 사건을 주셨는데도 그 사건에서 자기가 걸어가지 못했고 행하지 못했습니다. 그 사건이 지나가고 시간은 지나갔습니다. 하나님께서는 구원을 이루라고 그 사건을 주셨는데도 우리는 구원을 이

면류관으로의 초대

루지 못했습니다. 이런 경우들을 가리켜 말하는 것입니다.

　우리에게 다가오는 모든 시간은 구원을 이루라고 주신 시간입니다. 중생한 이후부터 죽음의 선에 이르기까지 누릴 시간이 없습니다. 이 세상에서는 우리가 부지런히 건설해야 되고, 그러한 시간은 유한적이고, 우리가 누릴 곳은 천국입니다. 죽음 저편에 가서는 누리고 이 세상에서는 죽어라 하고 건설을 해야 됩니다.
　아무리 죽어라 하고 건설해 봐야 백년 안쪽입니다. 이 세상에서 누리는 것은 육이요 육적으로 누리는 것인데, 그것을 견디지 못해서 하나님의 은혜를 거부했으니, 이제 시간도 지나가고 사건도 지나갔으니 지나간 그 다음에 가슴을 치고 통곡을 한다고 해서 다시 구원을 이룰 길은 없습니다. 시간은 지나갔고 사건도 지나갔으니 참으로 원통합니다. 가슴이 아픕니다.

　여기서 두 가지 현상이 일어납니다.
　첫째는, 내가 구원을 이루어 성장할 부분이 성장되지 못했으니, 성장되지 못한 것만큼 자기의 누림성이 감소되었고, 누림성을 확대시켜야 될 것을 확대시키지 못했으니 이 또한 손해입니다.
　또 한가지는, 그때 구원을 이루었어야 할 그 시간과 그 사건에서 구원을 이루지 못하고 누리고 말았으니, 내가 나에게 속은 것이요, 속은 그 면에 대해 원통하고 마음 아프고 괴롭습니다.
　이 고통을 위해 예수님이 가시 면류관을 쓰셨습니다. 이 고통은 지옥의 고통이 아닙니다. 우리 인간이 공간적으로 받는 고통은 이 세상에서도 고통이 되고 지옥에서도 고통이 됩니다.
　지옥에 가서 받는 고통은 사죄 칭의를 받지 못해서 받는 고통

●
금 면류관

이요, 이 세상에서 받는 고통은 죄로 인한 고통이며 또 우리를 연단하기 위해 주시는 고통도 있습니다. 육의 고통은 이 세상에서 당하게 되고 영의 고통은 죽음 저편에 가서 당하게 되는데, 하나님께서 이 고통을 면해 주실 뿐만 아니라 이 고통을 완전히 전복시켜 기쁨으로 바꾸어 놓는 역할을 한 것이 예수 그리스도께서 쓰신 가시 면류관입니다.

1. 금 면류관은 이십사 장로들만 받습니까?

본문은 4절에 이십사 장로들이 이십사 보좌에 앉아서 금 면류관을 썼다고 했습니다.

'그러면 오늘 우리는 이십사 장로의 수에 들어갈 수 없으니까 나는 금 면류관은 못쓰지 않겠는가?' 하고 생각할 수도 있습니다.

요한계시록에는 숫자가 많이 나오는데, 일곱 교회, 일곱 촛대, 십사만 사천, 이십사 장로 등입니다. 이런 수는 숫자 그대로를 의미하는 것이 아니고 상징수입니다.

또 2장에 보면 열흘 동안 환난을 받는다고 했습니다. 그러나 우리 기독인은 환난을 열흘만 받는 것이 아닙니다. 열흘이라는 말은 일반 세상의 만수를 말합니다. 여기 열흘 동안이라고 하신 말씀은 하나님께서 구원을 이루라고 주신 그 기간 동안에 환난을 당해야 한다는 말입니다. 환난을 받는다는 말은 하나님께서 우리에게 면류관을 완전히 쓰게 해주시기 위해서 그 환난을 허락하신다는 말씀입니다.

이와 마찬가지로, 이십사 장로라는 말은 천국에 가면 이십사 보좌밖에 없는 것은 아닙니다. 이스라엘의 지파는 열두 지파입니다. 예수님의 사도는 열두 명입니다. 그래서 구약 시대의 면류관이 열둘, 신약 시대의 면류관이 열둘, 그래서 이십사 보좌가 아닙니다.

그렇다면 신약 시대에는 열두 사도니 면류관이 딱 맞는데, 열두 제자라고 말하면 가룟 유다는 성경에 제자라고는 했으나 껍데기만 제자였지 속은 제자가 아니었습니다. 남이 볼 때에는 제자처럼 보였지만 실질적으로는 제자가 아니었습니다.

왜 가룟 유다는 제자의 위치에 세워 주었는데도 제자 노릇을 못하고 제자 아닌 그 길로 갔던가? 참으로 원통한 일입니다. 이 말씀을 볼 때에 면류관은 우리가 아무리 구원을 잘 이루어도, 열두 사도보다 구원을 더 잘 이루어도 면류관이 꽉 찼으니 못받는 것은 아닙니다.

열두 사도들이 있지만 그중에도 별 볼 일 없는 사도가 있고 또 집사 중에도 보면 사도보다 나은 스데반 집사가 있습니다.

사도 중에도 가룟 유다가 죽은 후 공의회에서 선택한 맛디아나 그 외에도 그렇게 유명하지 않은 사도들도 많이 있습니다. 그런데 성도들 중에는 사도였던 맛디아보다 더 나은 스데반이나 빌립 집사 같은 분도 있습니다.

스데반은 생명을 내걸고 예수를 변명하고 예수의 부활을 증거하다가 순교했고, 빌립 집사는 예수님께서 사마리아에 가서 복음의 씨를 뿌려 놓았으니, 그 씨가 묵어 있는 것을 빌립 집사가 들어가서 개간해서 온 사마리아 성이 복음화되도록 했습니다. 또 구스 내시에게 복음을 전해서 먼 이디오피아까지 복음을 전했고, 광야로 가면서, 가사로 가면서 크게 복음을 전하였습니다. 그런데 사도라고 하지만 이름이 나 있지 않은 사도들도 있습니다.

만일 그러면, 금 면류관이 열두 개뿐이라면, 주님께서 빌립 집사에게 줄까요, 맛디아 사도에게 줄까요? 맛디아가 아니라 빌립 집사가 받을 것입니다. 열둘이라는 말은 구약에서 열두 지파, 신약에서 열두 사도뿐만 아니라 다 받을 수 있는 것입니다. 이 말은 우리들도 예수님의 옳은 제자로서 옳은 신앙 생활을 하면, 금 면류관 숫자가 모자라서 못 받는 것은 아니라는 말씀입니다.

그러므로 면류관이 모자라서 금 면류관을 받지 못한다는 생각은 할 필요가 없습니다.

2. 금 면류관을 받을 수 있는 자격

하나님께서 내게 어떤 환경, 어떤 현실을 주시든 하나님께서 주신 환경과 현실, 모든 고난과 역경을 다 통과하면서도 구원을 중단시키지 않고, 세상이 변하고 시대가 변하고 환경이 변하고 모든 것이 변하고 온 세상 사람들이 다 세상 길로 가도, 많은 세대가 세속적으로 기울어져도 나 혼자만이라도 이것이 옳은 길이요, 이것이 참 신앙이요, 하나님이 기뻐하시는 길이라면 나는 이 길을 간다는 이것이 첫째 단계입니다.

자기의 환경이나 현실이나 환난, 역경, 시험을 통과하면서 불순물을 제거하는 이것은 소극적인 방편입니다.

적극적인 방편은 자기가 자원하여 십자가의 고난에 뛰어드는 것입니다. "내가 고난을 당하지 않고도 얼마든지 이 세상에서 예수 잘 믿고 편안하게 잘살 수도 있지만, 주의 사랑에 감격해서, 주의 사랑에 감화 감동이 되어서, 편안하게 사는 것보다는 주의 복음을 위해서, 주님을 위해서 고난을 받겠으니 고난을 주시옵소서" 하며 스스로 자기가 고난을 자원하는 것입니다.

바울은 예루살렘에서 편안하게 예수 믿고 살다가 천국에 갈 수도 있었습니다. 또 자기가 개척한 교회에서 남은 여생을 잘 보내면서 살 수도 있었지만, 교회가 자립할 만하면 환난 많은 곳에 가서 다시 개척을 했습니다. 바울은 고생을 좀 덜하면서 일을 크게 하는 주의로 살지 않고, 내가 세상에 있는 동안에 주님이 나를 위해서 십자가에 달려 주시고, 주님이 나 위하여 가시 면류관을 써 주셨으니, 나도 죽음의 선에 도달할 때까지 주를 위해서 살겠다는 각오로 고난을 찾아간 신앙입니다.

이와 같이 우리는 고난을 면하려고 하지 말고, 피하려고도 하지 말고 적극적으로 나아가서 주님이 주신 고난을 다 당하고, 그래도 부족해서 "주여, 왜 내게 고난을 더 주지 않습니까? 주님이 주시지 않으면 내가 고난을 찾아다니겠습니다" 하는 자세로 살아야 되겠습니다. 이런 신앙 생활이 금 면류관을 받는 적극적인 방편입니다.

자기의 현실 속에서 자기가 구원을 이루어 나가고 고난을 이겨 나가되, 자기만 그 길을 걸어가는 것이 아니라 다른 사람들도 깨우쳐서 그들도 나와 같은 고난의 길을 가면서 구원을 이룰 수 있도록 하는 것입니다.

우리가 금 면류관을 쓰려면 먼저는 주님께서 내게 주시는 환경을 다 겪으면서 내 할 일을 다 해나가야 됩니다. 내 이룰 구원을 다 이루어 나가야 합니다. 내가 지킬 믿음을 다 지켜야 합니다.

그러나 이것으로 족한 것이 아니라 고난에 대해 아직도 갈증이

나서 "주여, 고난을 주신 이것으로는 양에 차지 않습니다." 그래서 주를 위해서 고난을 찾아다닙니다.

또 이것으로 만족하지 않고 더 중요한 것이 있는데, 자기가 그렇게 걸어가면서 많은 사람들을 또한 가르치는 것입니다.

"너는 이 세상에서 잘먹고 잘입고 잘사는 것보다 어떻게 하든지 주를 위해서 고난의 길을 같이 걷자", "영광스러운 고난이 얼마나 가치가 있느냐? 영광스러운 감옥이 얼마나 가치가 있느냐?" 하면서 주위의 형제들을 권면하는 것입니다.

처음에는 이런 말을 하면 자꾸 거부 반응이 일어납니다. 그러나 그것을 잘 깨우치면 성령님께서 감화 감동을 주십니다. 처음에는 예수믿고 축복받고 부자된다는 그 말에 "아멘"하고 따라가던 사람이 고난의 길을 걸어가자고 할 때 마음에 충동이 일어나서 마음이 뜨거워지고 회개한 후 고난의 길을 소원합니다. 고난의 길을 걷고 싶은 마음이 듭니다.

이런 충동을 일으켜서 많은 사람이 주의 십자가의 고난에 참여하도록 권장해 나갑니다. 바울이 그랬습니다. 디모데, 실라, 디도 같은 바울의 제자들도 하나같이 바울과 같은 길을 걸었습니다.

바리새인들의 제자들은 대접받고 영광받는 곳을 찾아갔지만 주님께서는 제자들로 하여금 고난받도록 가르쳤고, 사도들도 그 제자들을 그렇게 가르쳤습니다. 그러므로 똑같이 예수를 믿는다고 해도 길이 다릅니다. 하나는 안일의 길, 평탄의 길로 유도하니까 고깃덩어리는 많아집니다. 장사가 잘됩니다. 사람이 많이 모여듭니다. 헌금도 많이 나옵니다. 자기가 누릴 것도 많아집니다. 그러나 금 면류관은 없어집니다. 이 세상의 부귀 공명보다 금 면류관을 바라봅시다.

면류관으로의 초대

오늘 우리는 목회 선상에서 어떻게 목회를 해야겠습니까? 내게 와서 안수 기도 받으면 축복받아서 부자가 된다고 하는 식의 저질적이고 저차원적인 교훈을 하겠습니까? 그렇지 않으면 주의 십자가의 고난에 참여할 수 있도록 권장해 나가겠습니까? 이러한 면들을 고려하고 노력할 때 교회의 길이 달라집니다.

교회라는 간판은 똑같이 붙였지만 그 교회에 들어가 보면 압니다. 주의 고난에 동참하겠다고 하는 교회는 살아서 힘이 있습니다. 이런 교회는 환난의 때에 한 몫 봅니다. "환난아 오너라! 역경아 오너라! 한번 싸워보자! 이때가 내 때다!" 합니다. 그러나 무사 안일과 축복으로만 나아가는 교회는 환난이 오면 추풍의 낙엽이 됩니다.

고난을 찾아다니는 사람은 환난을 기다리고 있는 사람이요, 무사안일주의로 나가는 사람은 환난이 오기 전에 먼저 베개부터 찾는 사람입니다. 그러므로 금 면류관은 이런 사람이 쓴다는 것을 알아야 합니다.

● 하나님께서 주시는 모든 현실 속에서, 내가 신앙 생활을 올바르게 해 나가면, 여러 가지 현실과 환경을 더 주시고

● 하나님께서 주시는 그것으로는 만족하지 않고 내가 환난을 찾아가고, 가시 면류관을 자원하여 찾고

● 나만 그렇게 걸어갈 뿐만 아니라, 많은 사람들을 그 길로 인도하고 가르쳐서 같이 그 길을 걷도록 하는 종들에게 주는 면류관이 금 면류관입니다.

11

가시 면류관

> "이에 총독의 군병들이 예수를 데리고 관정 안으로 들어가서
> 온 군대를 그에게로 모으고 그의 옷을 벗기고 홍포를 입히며
> 가시 면류관을 엮어 그 머리에 씌우고 갈대를 그 오른손에
> 들리고 그 앞에서 무릎을 꿇고 희롱하여 가로되 유대인의
> 왕이여 평안할지어다 하며 그에게 침 뱉고 갈대를 빼앗아
> 그의 머리를 치더라 희롱을 다한 후 홍포를 벗기고 도로 그의
> 옷을 입혀 십자가에 못박으려고 끌고 나가니라."
>
> 마태복음 27 : 27-31

예수님께서 쓰신 면류관은 가시 면류관입니다. 이 가시 면류관은 마가복음 15장 17절과 요한복음 19장 2절부터 5절까지에서 말씀하셨습니다.

1. 예수님께서 왜 가시 면류관을 쓰셨는가?

왜 예수님께서 가시 면류관을 쓰셔야만 했습니까? 가시 면류관을 쓰지 않으면 안되었습니까?

예수님은 하나님의 아들이요 하나님이시기 때문에 가시 면류관 정도는 안 쓰시려고 하면 얼마든지 안 쓰실 수가 있었습니다. 그 당시에 유대인들이나 로마 병정들이 예수님에게 가시 면류관을 씌우려고 해도 예수님 당신이 쓰지 않으려면 얼마든지 안 쓰실 수가 있었습니다.

가시 면류관뿐만 아니라 십자가에 달려 죽으신 것도 그렇습니다. 더 나아가서 예수님이 도성 인신하셔서 완전한 인간이 되신 것도 예수님 당신이 인간이 되기 싫으면 얼마든지 인간이 되시지 않을 수도 있었습니다.

어떤 사람은 예수님께서 십자가를 지신 것이나 가시 면류관을

가시 면류관

쓰심에 대해서 그들이 강제적으로 씌우니 피할 길이 없어서 쓰신 것으로 착각하는 사람들이 많습니다.

우리가 갈 천국은 어떤 천국입니까? 시간적으로는 영원 세계요, 종별적으로는 무한계요, 공간적으로는 무궁 세계요, 질적으로는 낙원이요, 하나님과 인간과의 관계로서는 천당입니다. 또 지리적으로는 천국이요, 성질적으로는 단일 세계입니다 천국을 단일이라고 할 때에는 존재적인 단일이 아니고 성격적 단일입니다. 즉 생명은 하나뿐이라는 뜻입니다.

이 세상에서 우리 인간은 두 생명을 가지고 삽니다. 이 세상은 모든 것이 공존하고 있는 세계입니다. 악령과 성령이 도처에 공존하고 있습니다. 나이트 클럽 같은 데만 마귀가 있는 것이 아니고 예배당 안에도 있습니다. 선과 악이 공존하고 있습니다.

또한 인간 개인 속에도 성령과 악령이 공존합니다. 우리가 이 세상에서 죽음의 선에 도달할 때까지 성령과 악령이 공존합니다. 선도 있고 악도 있습니다. 옛사람도 있고 새 사람도 있습니다. 새 생명도 있고 자연 생명도 있습니다. 진리도 있고 비진리도 있습니다. 저희도 있고 우리도 있습니다. 이렇게 인간 속에는 공존하는 것이 많습니다. 아무리 거룩한 교회라고 해도 그곳 역시 공존하는 곳입니다.

그러나 우리가 갈 천국은 공존의 세계가 아닙니다. 일단 이 세상에서는 공존하고 있던 모든 존재이지만 죽음의 선에서 갈리게 됩니다. 모든 것이 하나님 편의 것은 우편 길로 갈라지고, 하나님의 성질의 것이 아니면 좌편 길로 갈라집니다.

성경에 보면 양은 우편에, 염소는 좌편에 선다고 했습니다. 물

면류관으로의 초대

론 이 비유는 택자와 불택자를 말하지만, 내 속의 분리될 것을 말하기도 합니다. 내 속의 진리로 자체화된 것은 우편으로, 사욕으로 된 것은 좌편, 즉 심판거리로 떨어집니다.

우리가 천국을 확실히 모르면 이 세상에서는 자기가 날고 긴다 해도 오리무중에 빠져 헤맬 수밖에 없습니다. 천국은 단일 세계입니다. 생명적 단일, 능력적 단일, 성질적 단일, 성분적 단일, 의사적 단일, 모든 것이 단일로 되어 있는 곳이 천국입니다. 여러 사람이 살지만 생명은 한 생명을 가지고 여러 사람이 사는 곳이 천국입니다. 근원적으로는 하나님의 생명이요, 시간적으로는 영원한 생명이요, 순서적으로는 새 생명이요, 소유적으로는 영의 생명입니다. 생명이 너도 나도 하나님의 한 생명으로 존재하니 천국은 생명적 단일성이 있는 곳입니다.

단일이 되지 못한 것은 어떤 선도, 어떤 도덕도, 어떤 준법도, 어떤 종교도, 어떤 수양도 그 세계에 들어가지 못합니다. 이것을 우리가 분명히 알아야 합니다. 천국은 단일의 세계인 동시에 격차의 세계요 비격차의 세계이기도 합니다. 하나님의 자녀권이나 영생권이나 천국 입국권이나 자주성은 비격차의 세계지만, 누림과 느낌과 능력면에는 격차성이 있습니다.

그래서 우리가 갈 천국은 영원한 천국을 무궁 세계를 말하고, 현재 우리가 살고 있는 지상 세계를 말할 때에는 천국권 내라고 말합니다. 우리는 천국 갈 사람들이기 때문에 하나님의 한 생명으로 중생을 했으니, 하나님이 죽지 않는 한 우리는 중생하며 새 생명 또한 죽지 않습니다.

이런 세계를 우리가 바라보고 가야 하는데 이것을 모르면 안

가시 면류관

됩니다. 이 천국을 지향하고, 이 천국을 바라보고, 이 천국을 추구하며 나아가는 자들이 우리 기독인입니다. 세상에 소망을 두고, 세상에 등을 기대고, 세상 것 가지고 목에 힘을 주고 사는 사람은 천국과는 상관이 없는 사람입니다.

이런 세계에 계시던 하나님이 도성 인신하셨습니다. 우리 인간이 하나님께 구원을 요청했기 때문에 도성 인신하신 것이 아닙니다. 또 성부 하나님께서 계획하시고 설계하시고 예정하시고 예수님께 도성 인신하라고 해서 오기 싫은 세상에 인간의 육체를 입고 오신 것도 아닙니다. 사랑의 발작에 의해 자원하여 오셨습니다. 만일 예수님께 사랑이 없었더라면 도성 인신하시지 않았을 것입니다.

극치의 사랑에 의하여 자원하여 도성 인신하시고, 자원하여 모든 고난을 당하시고, 자원하여 십자가를 지시고, 자원하여 가시 면류관을 쓰신 것입니다. 가시 면류관을 쓰시기 싫었는데 로마 병정들이 억지로 씌웠기 때문에 쓰신 것이 아닙니다. 예수님이 십자가에 죽으실 때에도 얼마든지 안 죽을 권세가 있었습니다. 십자가도 얼마든지 안 지실 수도 있었습니다.

예수님께서 십자가를 어떻게 지셨든, 가시 면류관을 어떻게 쓰셨든 가시 면류관을 쓰셨다는 것만 알면 되지 굳이 그렇게 밝혀야 하느냐 할 사람도 있겠지만, 예수님께서 그저 얼렁뚱땅 십자가를 지신 것이 아니라는 것을 알아야 합니다. 예수님이 십자가를 지신 것이 강압적이냐 자원적이냐 하는 문제는 간단한 문제가 아닙니다.

한 단계 더 높여서 생각해 봅시다! 만일 로마 병정들이 예수님에게 십자가를 지우지 않았더라면, 예수님께서는 "야! 다행히

•

면류관으로의 초대

도 십자가 안 져서 좋다”고 하셨을까요? 십자가를 안 지면 당신의 사랑의 대상자인 우리가 구원을 못 얻고, 우리가 영원히 지옥가게 생겼으니 당신이 편하실까요? 십자가를 안 지는 그것만 생각한다면 편안하기는 하겠지만 당신의 마음은 편안할까요, 고통스러울까요?

예수님은 사랑의 발작에 의해 자원하여 도성 인신하시고, 자원하여 인간의 몸을 입으시고, 자원하여 고난을 받으시고, 자원하여 십자가를 지셨습니다. 우리를 사랑하시기 때문입니다. 가시 면류관도 얼마든지 당신이 안 쓰시려고 하면 안 쓰실 수도 있었습니다. 전능자이기 때문에 얼마든지 안 쓰실 수 있었습니다.

그러나 자원하여 쓰신 것은 우리를 사랑하시기 때문에 우리를 구원하시기 위해서였습니다. 그저 하나님의 계획이 그렇게 되어 있기 때문에 건성으로 십자가를 지시고 우리를 구원하신 것이 아니고, 사랑의 발작에 의해 그렇게 하신 것을 우리가 알아야 합니다.

그 문제가 간단한 것 같지만 엄청난 차이의 결과를 갖다 줍니다. 우리가 성경을 보면 제1차적인 인류 종말이 있고, 조직적인 이스라엘의 종말이 있고, 육적 이스라엘 종교 말년이 있고, 영적 이스라엘 종교 말년이 있습니다.

구약의 조직적 이스라엘의 말년을 보면 타락의 참상을 볼 수 있습니다. 이것은 무엇을 가르쳐 줍니까? 조직체가 커지면 필연적으로 타락하게 되어 있습니다. 교회사에도 보면 예수님 이후에 처음에는 그렇게 신앙이 좋았는데, 천년 가까이 시간이 지나니까 조직 교회인 천주교가 속화되었습니다.

조직체는, 좋은 점도 있지만 속화되어갈 때에는 도매금으로 휘

말려 점점 암흑 속에 빠져들어갑니다. 날이 가물 때에는 물이 좋지만 홍수가 날 때에는 그 물에 들어가면 전부 빠져 죽습니다. 이것을 우리가 알아야 합니다.

그래서 성경을 보면 여기에 대해 지적한 것이 많습니다. 조직이 커지면 바른 진리의 노선으로 걷지 못하고 정치 파동이 커집니다. 그렇게 되면 인본주의가 주도권을 잡습니다. 인본주의가 주도권을 잡게 되면 급속도로 속화되고 맙니다. 작은 진리 하나가 별 것 아닌 것 같아도 큰 것입니다.

우리가 갈 천국은 단일 세계이므로 격차가 있다고 했습니다. 천국에도 큰 자가 있고 작은 자가 있고, 면류관을 쓴 자가 있고 쓰지 못한 자가 있고, 열두 고을을 차지한 자가 있고 하나도 차지하지 못한 자가 있습니다.

우리가 갈 천국은 격차의 세계이기 때문에 예수님께서 가시 면류관을 쓰신 것입니다. 예수님의 십자가의 죽으심은 대형(대신 형벌을 받아 주셨고), 대행(대신 의를 이루사 우리를 의롭다 칭해 주시고), 중보(하나님과 나 사이에 끊어진 것을 이어주시고)로 하나님의 새 생명으로 중생시켜 주셨습니다.

그러면 예수님께서 십자가에 죽어 주신 것으로만 해도 우리의 구원은 족한데 가시 면류관은 왜 쓰셨습니까? 로마 병정들이 씌우니까 쓰셨습니까, 자원하여 쓰셨습니까?

그리고 예수님께서 가시 면류관을 쓰시지 않았더라면 우리의 구원은 어떻게 되었을까요?

예수님께서 십자가에 달려 죽으신 것으로 사죄, 칭의, 중보, 새 생명으로 중생하는 구원의 완성은 충분합니다. 그런데 가시 면류관은 왜 쓰셨을까요?

면류관으로의 초대

예수님께서 가시 면류관을 쓰신 데에는 몇 가지 이유가 있습니다. 가시 면류관은 예수님이 만들어서 쓰신 것이 아니라 유대인들이 만들어서 씌워준 것입니다. 영광스럽게 보이라고 씌워준 것이 아니라 모욕과 수치감을 느끼게 하기 위해서 씌운 것입니다. 또, 기쁘고 좋고 즐거우라고 씌운 것이 아니라 아프라고 씌운 것입니다. 고통을 더 강하게 해주기 위해서 씌운 것입니다. 예수님께서는 십자가에 달려 죽으심만으로도 충분한데 왜 굳이 가시 면류관을 쓰시고 고통을 스스로 자원하여 당하셨나요?

1. 우리 속의 불순물 같은 타락성, 오염성, 죄악성으로부터 고통을 제거해 주시기 위해서 가시 면류관을 쓰신 것입니다.

우리 속에 있는 오염성, 타락성, 죄악성은 "나"라는 나를 고통스럽게 하는 성분입니다. 병균이 내 속에 들어 있으면 나의 육체를 괴롭게 합니다.

이와 같이 내 속에 그리고 자타의 사람 속에는 타락성, 오염성, 죄악성이 들어 있습니다. 어떤 사람에게는 많이 들어 있기도 하고 어떤 사람에게는 좀 적게 들어 있기도 합니다.

이 불순물은 그 양이 많으면 많을수록 자기의 영과 심령에게 고통을 주는 요소입니다. 이것은 다 나에게 고통을 줍니다. 나를 괴롭게 합니다. 나를 아프게 하는 것입니다. 그러므로 예수님께서 가시 면류관을 쓰신 것은 내 속에 있는 불순물인 죄악성, 오염성, 타락성으로 인한 고통을 제거해 주시기 위해서입니다. 예수님께서 바로 이 목적을 위해 십자가에 달리시기 전에 먼저 가시 면류관을 쓰신 것입니다.

예수님께서 십자가에 달려 죽으심은 우리의 구원의 완성을 위

가시 면류관

함이요, 가시 면류관을 쓰신 것은 우리의 고통을 제거해 주시기
위함입니다.

예수님께서 가시 면류관을 쓰시지 않았더라면 우리 속의 불순
물로 인한 고통은 우리가 그대로 받아야 할 것입니다. 그런데 우
리의 고통을 제거해 주시기 위해 예수님께서 안 쓰셔도 되실 가시
면류관을 쓰신 것입니다.

2. 유대인들은 예수님에게 가시 면류관을 씌울 때 아프라고 씌웠습니다.
당신의 사랑의 대상자들의 고통을 제거해 주기 위해 자원하여
가시 면류관을 쓰셨지만, 가시 면류관 그 자체는 얼마나 쓰리고
아픈 것인지요 !

유대 나라에 있는 가시는 독이 있는 가시도 있어 속까지 쓰리고
아픕니다. 유대인들은 가시가 있는 나무를 가지고 면류관을 만들
어 씌우기 때문에 굉장히 아픕니다. 잘못해서 가시에 찔리게 되면
그 가시를 뽑고나서도 한참 동안은 아프다고 합니다. 그런데 그
가시 면류관을 머리에 씌웠습니다.

이런 가시 면류관을 쓰신 것은 나의 고통을 덜어주기 위해서
였습니다. 당신의 사랑하는 대상자들의 고통을 제거해 주기 위해
서 가시 면류관을 쓰신 것입니다. 당신이 가시 면류관을 쓰실 때
당신의 신부, 당신의 사랑의 대상자들의 고통이 제거될 것을 생
각하니 쓰리고 아픈 것을 모르고 그저 기쁠 뿐입니다.

여러분 !

우리 주님께서는 내 고통을 덜어 주기 위해 쓰리고 아픈 십자
가, 쓰리고 아픈 가시 면류관을 쓰셨는데, 그것을 쓰실 때에 쓰
리고 아픈 고통을 잊으시고 우리의 고통이 제거되는 것으로 기

면류관으로의 초대

뼈하신 분이십니다. 이 주님이 이 시간에 바라보입니까? 그 주님을 여러분들은 알고 계십니까?

예수님께서 나의 고통을 덜어주시기 위해 가시 면류관을 쓰신 것이 우리가 볼 때에는 그렇게 아파 보일 수가 없습니다. 그러나 예수님 자신은 사랑의 극치에서 우리의 고통을 제거하심으로 말미암아 아픔을 초월하시고, 아픔을 이기시면서 내 고통을 덜어주셨는데 이 주님을 우리는 어떻게 대합니까? 이 주님을 어떻게 섬기겠습니까? 이 주님 앞에 충성을 하겠습니까, 하지 않겠습니까? 이 주님 앞에 우리가 무엇을 달라고 졸라 대겠습니까?

내게 있는 한 방울의 피, 한 방울의 땀, 한 방울의 눈물도 땅에 떨어지기 전에 주님 앞에 고스란히 바쳐 드리고, 내 머리카락, 손톱 발톱까지도 아낌없이 주께 바치고 싶은 마음이 간절해지지 않습니까?

우리 주님께서 십자가를 공연히 지신 것이 아닙니다. 가시 면류관도 공연히 쓰신 것이 아닙니다. 주님이 가시 면류관을 쓰신 것은 고통을 제거해 주기 위해 쓰신 것입니다.

또 가시 면류관을 쓰신 주님을 다른 사람이 볼 때에는 고통스러워 보이지만, 실제로 가시 면류관을 쓰신 주님은 그렇게 기쁠 수가 없습니다. 우리의 고통이 제거되는 그것이 너무 좋아 고통과 아픔의 가시 면류관을 기쁨으로 쓰신 것입니다.

우리는 내게 생명의 면류관을 씌워 주시려고 가시 면류관을 쓰신 주님을 바라보아야 합니다. 우리는 눈 감고 머리 숙여 기도할 때마다, "주여, 쓰리고 아픈 그 가시 면류관을 내 고통을 제거해 주시기 위해 쓰셨나이까?"하는 감사가 나와야 됩니다.

197
•
가시 면류관

2. 가시 면류관은 수치의 면류관도 되지만 영광의 면류관도 되며, 고통의 면류관도 되지만 기쁨의 면류관도 됩니다.

참 희한한 것이 가시 면류관입니다. 만일 예수님께서 당신이 가시 면류관을 써야 할 어떤 흉칙한 죄를 지었기 때문에 쓰셨다면 그 면류관은 영광의 면류관이 아니라 수치의 면류관입니다.

예수님이 만일 도적질이나 무슨 나쁜 죄를 짓다가 가시 면류관을 쓰셨다면 수치스러운 것입니다.

그러나 우리의 죄를 제거해 주시고 고통을 제거해 주시기 위해 가시 면류관을 쓰셨으니, 그 가시 면류관은 수치의 면류관 같으나 영광스러운 면류관이요, 존귀한 면류관이요, 가치 있는 면류관입니다.

이 가시 면류관은 아무나 쓸 수 있습니까, 아니면 쓸 자격이 있어야 씁니까? 자격이 있어야 씁니다. 아무나 쓰는 것이 아닙니다. 아무나 썼다면 그것은 수치의 면류관입니다. 똑같은 감옥에 들어가 있지만, 똑같은 감옥에 있는 사람이라도 그만한 죄가 있는 사람은 수치지만 죄가 없이 의의 운동을 하다가 그런 고통을 당하는 사람은 매우 존경스럽습니다.

존귀의 가시 면류관을, 영광의 가시 면류관을 유대인들이 수치스럽게 만들기 위해 예수님께 씌워준 것입니다. 수치스럽게 만들려고 했지만 예수님 당신 자신이 의의 운동, 생명 운동 하다가 가시 면류관을 쓰셨기 때문에, 그 가시 면류관은 역사에 없는 존경스러운 면류관입니다. 오직 주님에게만 합당한 가시 면류관입니다.

가시 면류관을 쓰신 주님이 저는 존경스럽습니다. 기도할 때마

면류관으로의 초대

다 그분의 모습이 드러나고, 가시 면류관 쓰신 그 주님 앞에 머리 숙여지고 그분 앞에 기도가 나옵니다. 그분 앞에 고백이 나옵니다.

"주여, 당신이 쓰신 가시 면류관 나도 쓰게 하옵소서! 나도 쓸 수 있는 사람이 되게 하옵소서."

얼마나 좋습니까?

여러분! 예수 잘 믿어 육신의 복을 받아 빈곤이 부요해지고, 역경이 순경이 된다고 하면 이런 것에는 "아멘"할 줄 알면서, 예수님이 가시 면류관 쓰신 그 숭고한 모습, 가시 면류관 쓰신 영광스러운 그 모습, 가시 면류관 쓰신 거룩하신 그 모습, 그 모습을 우리는 왜 바라보지 못합니까?

이것이 예수 믿는 것입니다. 죄인에게는 가시 면류관이 고통을 줍니다. 죄인은 가시 면류관을 쓰면 말할 수 없는 고통을 받지만, 의인이 가시 면류관을 쓰면 고통이 없습니다. 오히려 기쁨을 폭발시켜 주는 폭발물이 됩니다. 의인에게 있어 가시 면류관은 기쁨을 폭발시키는 촉진제입니다. 가시 면류관을 쓸 때의 그 기쁨, 그 즐거움, 그 만족은 가시 면류관을 써 보지 않은 사람은 모를 것입니다. 이는 가시 면류관을 써 본 사람만이 느낄 수 있는 기쁨입니다. 이것을 우리에게 보여주고 있습니다.

"썩을 면류관을 추구하는 인생들아, 썩을 면류관을 얻기 위해 힘쓰고 노력하는 인생들아, 이제 방향을 바꾸어서 가시 면류관을 쓸 때에 존경스럽고 영광스럽고 기쁨과 즐거움의 절정에 이르는 사람이 되어 보고 싶지 않으냐! "하는 말씀입니다.

가시 면류관이 없이 생명의 면류관이 없고, 가시 면류관이 없이 영광의 면류관이 있을 수 없고, 가시 면류관이 없이 의의 면류관도 없고, 가시 면류관이 없이 자랑의 면류관이 있을 수 없습니다.

가시 면류관

　이 모든 면류관이라는 면류관은 예수 그리스도의 가시 면류관으로 말미암아 생긴 것입니다. 이 모든 면류관의 본산지는 가시 면류관입니다. 가시 면류관은 여러 면류관의 본거지입니다. 그러므로 예수님께서 가시 면류관을 쓰시지 않았더러면 우리에게는 어떤 면류관도 있을 수 없을 것입니다.

　예수님께서 가시 면류관을 쓰시고 당신이 존경스러워졌고, 가시 면류관을 쓰시고 기뻐하셨고, 가시 면류관을 쓰시고 기쁨의 절정에, 만족의 절정에 이르신 것처럼 여러 성도들이여! 우리들도 이제 이 길을 걷지 않겠습니까?

　주님께서는 이렇게 교훈하십니다.

　"이 생명의 길을 걸어서 너희들도 가시 면류관 쓸 때에 모든 군중이 너희를 바라보고 '야! 가시 면류관 쓴 저들의 모습이 거룩하구나' 가시 면류관 쓴 것이 존경스럽고, 가시 면류관 쓴 모습이 거룩하고 영광스러워 보이는 그런 존재가 되어라! 그런 성도가 되어라! 그런 주의 종이 되어라!"

　그러면 오늘 여러분들은 주님이 쓰신 이 가시 면류관 쓰시겠습니까, 쓰지 않겠습니까? 왜 가시 면류관을 그렇게 싫어합니까? 가시 면류관이 어떤 면류관인데! 언제까지 죄를 부둥켜 안고 있으면서 가시 면류관을 쓰기만 하면 고통스럽고 부끄럽고 수치스러운 그런 상태로 언제까지 유지하며 가겠습니까?

　그러므로 이제 나도 회개할 것을 회개하여, 주님께서 가시 면류관을 쓰심으로 말미암아 내게 있는 모든 불순물이 제거되고, 가시 면류관을 쓰심으로 말미암아 내게 있는 모든 고통이 제거되고, 가시 면류관을 쓰심으로 말미암아 내게 있는 모든 수치가 제거된 것처럼, 이 면류관을 나도 써서 남들이 내게 수치감을 주기 위해 가시 면류관을 씌울 때에 나도 존경스러워지고, 남이 나를 민망히 여기지 않고 존경스러워 보이고, 영광스러워 보이고, 존귀해 보이고, 내 안에서 자발적인 기쁨이 용솟음치고 강 같은 기쁨이 흘러나오는 이런 경지에 이르러야 되겠습니다. 이것이 주님의 소원이요, 이것이 믿음의 결과인 것을 오늘 우리에게 말씀하십니다.

이번에 배운 여러 면류관들 중에 최고로 값어치 있는 면류관은 가시 면류관입니다. 모든 면류관은 가시 면류관에서 나온 것입니다. 그러니까 예수님이 쓰신 그 가시 면류관을 나도 쓰면, 그로부터 나머지 모든 면류관은 다 따라올 수 있는 것입니다.

그러므로 우리는 우리 속에 있는 불순물을 다 제거하고, 우리들도 다 "주님이 쓰신 가시 면류관 쓰게 하옵소서" 하는 이런 기도를 하게 되시기를 진심으로 바랍니다!

가시 면류관

면류관으로의 초대

등록 / 1996. 2. 15. 등록번호 / 제2-979호

1996. 9. 20. 1판 1쇄 인쇄
1996. 9. 25. 1판 1쇄 발행

발행인 / 김 상 보
저 자 / 김 석 준
발행처 / 생명의 샘
　　　　서울특별시 서초구 잠원동 61-3
　　　　Tel : (02)594-6721 Fax : (02)599-1216

제 작 / 글마름(02)277-8087

값 4,500원 　　　 * 잘못된 책은 바꿔 드립니다.